OBRAS DE JORGE DE SENA

OBRAS DE JORGE DE SENA

TÍTULOS PUBLICADOS

ANTIGAS E NOVAS ANDANÇAS DO DEMÓNIO
(contos)
OS GRÃO-CAPITÃES
(contos)
SINAIS DE FOGO
(romance)
O FÍSICO PRODIGIOSO
(novela)
OITENTA POEMAS DE EMILY DICKINSON
(tradução e apresentação)
A ESTRUTURA DE «OS LUSÍADAS» E OUTROS ESTUDOS CAMONIANOS
E DE POESIA PENINSULAR DO SÉCULO XVI
(ensaio)
OS SONETOS DE CAMÕES E O SONETO QUINHENTISTA PENINSULAR
(ensaio)
TRINTA ANOS DE CAMÕES, vol. I
(ensaios)
TRINTA ANOS DE CAMÕES, vol. II
(ensaios)
ESTUDOS DE LITERATURA PORTUGUESA, vol. I
(ensaios)
ESTUDOS SOBRE O VOCABULÁRIO DE «OS LUSÍADAS»
(ensaios)
FERNANDO PESSOA & C.ª HETERÓNIMA
(ensaios)
GÉNESIS
(contos)
LÍRICAS PORTUGUESAS, vol. I
(selecção, prefácio e notas)
DIALÉCTICAS TEÓRICAS DA LITERATURA
(ensaios)
DIALÉCTICAS APLICADAS DA LITERATURA
(ensaios)
LÍRICAS PORTUGUESAS, vol. II
(selecção, prefácio e notas)
UMA CANÇÃO DE CAMÕES
(ensaio)
TRINTA ANOS DE POESIA
(antologia poética)
O REINO DA ESTUPIDEZ, vol. I
(ensaios)
O INDESEJADO (ANTÓNIO REI)
(teatro)
INGLATERRA REVISITADA
(duas palestras e seis cartas de Londres)
SOBRE O ROMANCE
(ingleses, norte-americanos e outros)
ESTUDOS DE LITERATURA PORTUGUESA, vol. II
(ensaios)
ESTUDOS DE LITERATURA PORTUGUESA, vol. III
(ensaios)
POESIA-I
(poesia)
ESTUDOS DE CULTURA E LITERATURA BRASILEIRA
(ensaios)
POESIA-II
(poesia)
DO TEATRO EM PORTUGAL
(ensaios)
POESIA-III
(poesia)
VISÃO PERPÉTUA
(poesia)
40 ANOS DE SERVIDÃO
(poesia)
MATER IMPERIALIS
(teatro)

MATER IMPERIALIS
(TEATRO)

© Mécia de Sena e Edições 70, Lda., 1989

Capa de Edições 70

Depósito legal n.º 26379/89

Direitos reservados para todos os países de língua portuguesa
por Edições 70, Lda.

EDIÇÕES 70, LDA. — Av. Elias Garcia, 81 r/c — 1000 LISBOA
Telefs. 76 27 20 / 76 27 92 / 76 28 54
Fax: 761736
Telex: 64489 TEXTOS P

DELEGAÇÃO NO NORTE:
EDIÇÕES 70, LDA. — Rua da Rasa, 173 — 4400 VILA NOVA DE GAIA
Telef. 3701913

NO BRASIL:
EDIÇÕES 70, BRASIL, LTDA., Rua São Francisco Xavier, 224-A (TIJUCA)
CEP 20550 RIO DE JANEIRO, RJ
Telef. 2842942
Telex: 40385 AMLJ B

Esta obra está protegida pela Lei. Não pode ser reproduzida,
no todo ou em parte, qualquer que seja o modo utilizado,
incluindo fotocópia e xerocópia, sem prévia autorização do Editor.
Qualquer transgressão à Lei dos Direitos de Autor será passível
de procedimento judicial

JORGE DE SENA

MATER IMPERIALIS

*Amparo de Mãe
e Mais 5 Peças
em 1 Acto*
seguido de
um **Apêndice**

edições 70

I

«AMPARO DE MÃE»
E MAIS 5 PEÇAS EM 1 ACTO

(2.ª EDIÇÃO)

NOTA [FINAL]*

Publicam-se neste volume seis peças em um acto, duas que tiveram publicação dispersa há vinte anos, e quatro inéditas. Aquelas duas, *Amparo de Mãe* e *Ulisseia Adúltera*, foram impressas respectivamente, em *Unicórnio*, Maio de 1951, e *Tricórnio*, Novembro de 1952, e ambas haviam sido escritas em 1948. As outras quatro são: duas de 1964 e duas de 1969 e de 1970-71. Do fim de 1944 ao fim de 1945, escrevi a tragédia *O Indesejado*, que teve a seguir publicação em sucessivos números de *Portvcale*, em 1949-50, e apareceu em volume, em 1951. Significa isto que o meu teatro até agora publicado foi escrito em 1944-48, e saiu primeiro a lume em 1949-52 (é reeditado agora em 1974). Foram escritos em 1964-71 os inéditos que aqui e agora se publicam. É talvez uma produção intermitente, separada por um aparente lapso de uma dúzia de anos, em dois grupos que, para o público e a crítica estão separados por duas décadas. Outros, independentemente de juízos de valor, estão nas histórias literárias ou do teatro, todavia, com menos peças. E consolemo-nos pensando que, por exemplo, Bernard Shaw, se aos cinquenta e três anos, tinha já uma vintena de peças à sua conta, havia começado a escrevê-las aos trinta e seis — o que me dá onze

---

* Esta nota aparecia como post-fácio da 1.ª edição, em 1974, mas pareceu-me agora mais lógico colocá-la em forma de introdução. *(M. de S.)*.

11

anos de vantagem e a esperança de, aos sessenta e dois, ter aquela vintena (nas quais, para ele, não se incluía ainda *Saint Joan*, dos sessenta e sete anos dele, enquanto, bem ou mal, eu já escrevi a minha). Mas, sem entrar com a desculpa de peças inacabadas ou esboçadas, haverá explicação para o facto. Embora com estreia anterior e alguma publicação dispersa, eu publicara-me em volume (de poemas), em 1942, estava nesses anos 40 na euforia ingénua de quem põe pé nas letras, e, sempre o apaixonado por teatro que era e sou, exerci a crítica teatral na *Seara Nova* em 1947-49. Eram os tempos da chamada luta pela renovação do teatro português, de que participei. Mas a campanha de amigos meus para que *O Indesejado* fosse levado à cena, de que não participei senão com numerosas leituras da peça, defrontou-se com dificuldades insuperáveis; e a minha crítica teatral, criando-me inimigos, não ajudou no caso. Por 1952-53 eu estava desanimado do teatro, já que, não tendo sido nunca um escritor para a gaveta, menos me sentia um autor teatral para publicar em livro. E, em 1959, quando havia um par de anos que recomeçara (na *Gazeta Musical*) a crítica de teatro, tendo tido a oportunidade de entrar na carreira universitária ficando no Brasil (aonde vi furiosamente teatro e convivi o que pude com gente dele) encontrei-me estrangeiro num país estrangeiro, o que por certo não é, até que a gente se refaça, a situação ideal de um dramaturgo, sobretudo se ele se viu privado sempre do incentivo do palco, que, mesmo de longe, o alimentasse. Por alquimias estranhas, as peças de 1964, no Brasil escritas, foram reacção aos acontecimentos que se precipitaram em 1.º de Abril desse ano. Recentemente, as aventuras de vanguarda do teatro contemporâneo, como as vi nos Estados Unidos (e que vinham na continuação do meu interesse permanente pelo teatro de hoje), excitaram-me a compor as duas fantasias mitológicas que aparecem neste volume, e o teor delas (como de muitos textos meus inéditos, sobretudo poéticos, desde há muitos anos) teria sido, na versão agora publicada, muito mais violento em sugestões, acções e linguagem, se elas não visassem a uma publicação portuguesa. Curiosas contradições têm permitido que a cena (ou o cinema) norte americano, num *underground* que é realmente público, tenha atingido extremos de expressão e acção que chocariam mesmo o mais liberto e desinibido europeu... Havia muito tempo que eu desejava publicar em volume as minhas peças em um acto, porque duas o haviam sido há muito em publicações hoje inacessíveis à maioria dos leitores interessados, e as outras, as inéditas, o podiam afinal ser como aquelas. Várias iniciativas editoriais, ao longo dos anos, não chegaram a realizar-se: e isso também contribui, de certa maneira, para menos entusiasmo por um género, ainda que ele seja uma das linhas principais de uma vida dedicada à criação literária.

Os historiadores e críticos de teatro gostam de separar as peças de teatro de autores que desempenham papel de relevo noutros géneros e as dos que só escreveram para o teatro ou, mais especificamente, com um palco às ordens. Aquelas parecem-lhes «de escritores», «literárias», para serem «lidas», enquanto estas seriam as que constituem o teatro propriamente dito. O curioso é que a maioria do que sempre terá constituído este teatro, em qualquer país ou literatura, sempre se caracterizou por uma quase absoluta efemeridade, de que só realmente sobrevivem escassas peças, tendo as outras desaparecido da memória que, quando muito, as refere em histórias ou bibliografias mais ou menos eruditas. E a maioria daquilo que esses críticos consideram grande teatro (porque as histórias assim lho ensinam, e nem todo ele o será) foi sempre escrito por «escritores»: o próprio Shakespeare, se não tivesse sido o maior dramaturgo de todos os tempos, teria sido, como é por outras obras, um grande poeta lírico. Além de que um verdadeiro conhecimento erudito da vida desse grande teatro, no seu próprio tempo e postumamente, lhes faria revelações inesperadas como, por exemplo, quão pouco, ou quão eventualmente, tal teatro foi representado, e como veio a ser importante depois de redescoberto, não primeiro pelos palcos, mas pela cultura (o que é o caso até do próprio Shakespeare, de certo modo). Aonde não há fortes tradições teatrais, mas apenas ocasionalmente grandes dramaturgos ou grandes peças (como é notoriamente o caso português, quando, após os fins do século XVI, Lisboa se torna um centro subalterno de cultura, posição de que nunca mais se recuperou), e se bem que devamos não esquecer que nenhum país teve continuadamente um grande teatro, as actividades teatrais tenderão a viver mais das adaptações ou imitações dos êxitos estrangeiros (com o que se explora a curiosidade do público por um sucesso de que tenha informação ou se joga no que se julga «certo»), ou de uma persistência de melodramas ou farsa fáceis que possam satisfazer um público sem ambições e mantido sem elas. Manda a verdade que se diga que uma tal situação não é senão, de hoje em dia, e até certo ponto, a do teatro em toda a parte (aonde só os auxílios oficiais, as iniciativas universitárias ou as aventuras e audácias da «vanguarda», conservam acesas as chamas do grande teatro e do experimentalismo moderno), apenas agravada por circunstâncias demasiado bem conhecidas. Consequentemente, quem não se integre nestas linhas — e será por certo um escritor com algumas exigências quanto a si mesmo e aos outros — corre grande risco de ser privado dos palcos, e (por desculpa de maus pagadores) ser mesmo acusado de «literário». Por outro lado, os grupos que se dedicam à reforma e modernização do teatro português (sempre afinal os há, num teatro de vida precária, e não muito diversamente do que acontece nos grandes países aonde sempre haverá revolta contra as tendências dominantes do negócio teatral) terão, como se passou sempre com quaisquer grupos neste mundo, os dramaturgos da «casa», que, por definição, serão quem está, para eles, mais afinado pelo que se faz «lá fora». Porque o mais típico de uma cultura provincianizada é ter por mais autêntico ou mais valioso o que seja um arremedo de modernidade (qual pareça que se faz «lá fora») do que modernidade mesma (qual seria viável *desde dentro*). O que não é, tudo isto, necessariamente um mal, já que a criação de uma consciência teatral crítica, e do respectivo público, só pode formar-se sobre uma variedade de produções em que a discriminação se aprenda — e, no enjoo do falso, também se aprenderá a reconhecer o verdadeiro. De resto, o que se passa com a efemeridade do teatro suposto mais teatral não é muito diferente do que, em toda a parte, sucede com os êxitos literários — também eles, passado o tempo, desaparecem na noite da inanidade (o que não significa que não tenha havido sempre grandes obras que foram logo grandes êxitos que se mantiveram até hoje). Muita confusão tem resultado do facto de ter existido (e sobretudo durante os séculos em que a ficção não era um género «nobre» que o teatro era) a novela (ou também o poema) escrita dialogadamente: com cortes, poderia ser levada à cena, mas não era composta para tal (sirvam de exemplo obras tão prestigiosas como a monumental *La Celestina* de Fernando de Rojas, ou a *Eufrósina* de Jorge Ferreira de Vasconcelos). Mas o teatro de «escritores» não é isto e sim o resultado de, em épocas em que o teatro gozava do mais alto prestígio, muitos escritores terem, por equívoco, composto peças teatrais sem qualidades cénicas — e, todavia, mesmo acerca deste ponto convém a maior cautela, já que, por exemplo, se muitas peças de poetas românticos eram e são intragáveis, as tragédias de Voltaire, que hoje nos parecem insuportavelmente «literárias», foram tidas por grande teatro e conheceram, no século XVIII, êxitos retumbantes. O problema é, na realidade, muito outro: o de às vezes acontecer que autores escrevam peças de teatro que vão na direcção da ou contra as predilecções daqueles que, nesse período, regem os destinos do teatro em qualquer cultura. O que pode acontecer por circunstâncias meramente fortuitas, pessoais, de interesses criados, etc. Parece que, hoje, algumas peças que são mais do que hábeis carpintarias teatrais apelando para os gostos, os anseios ou apetites reprimidos de alguns sectores do público, chegam, e com êxito, à cena portuguesa. É isto o prólogo de uma mais saudável vida do teatro em Portugal? É o que resta ver e não depende só dos dramaturgos, escritores ou não. No que, no contexto que aí fica, diga respeito ao autor destas linhas, por certo que a proposta, em 1949-51, de uma tragédia aparentemente «clássica» e em verso era uma surpresa de que a crítica se não refez inteiramente, se bem que a peça não deva senão inteligentes e elogiosos comentários (poderiam ser uma coisa e não ser a outra) à melhor ou mais responsável dela. O mesmo não poderá dizer-se das peças em um acto logo depois publicadas, que não foram acusadas de «literárias» por quem se tem ocupado delas, e não será o que possa ser dito das outras que aqui com elas se publicam em volume.

Apenas uma observação ainda, referente à eventual encenação destas peças. Se *Amparo de Mãe,* no seu expressionismo realista, exige rigoroso respeito da direcção pelo texto e suas rubricas, as outras — em especial as duas fantasias mais ou menos mitológicas — autorizam que as rubricas sejam apenas indicações de base, sobre as quais a direcção é livre, na medida do condicionamento apresentado pelo diálogo, de amplificar as sugestões dos textos: para fantasia, fantasia e meia.

Santa Bárbara, Califórnia, Fevereiro de 1971.

J. de S.

AMPARO DE MÃE

PERSONAGENS

BELINHA, *a defunta; manequim que não fala.*
D. FELISMINA, *sua mãe, idade indecisa.*
D. CASIMIRA, *vizinha prestável, idade mais indecisa.*
D. ROSA, *parenta de D. Felismina.*
D. CONCEIÇÃO, *amiga de D. Felismina.*
D. PLACÍDIA, *visita da casa.*
D. EDWIGES, *outra vizinha, pouco prestável.*
ANINHAS, *irmã de Belinha.*

A cena representa uma dependência mobilada modestamente, misto de casa de jantar a que foram retirados alguns móveis e de sala de visitas sem móveis. É de tarde, o sol teima em penetrar pelas janelas semicerradas. A defunta está entronizada a meio da quadra; em volta, as senhoras velam, lacrimejam e conversam. Da D para a E ou da E para a D, estão sentadas pela seguinte ordem: D. Edwiges, D. Placídia, D. Conceição, D. Casimira, D. Felismina, D. Rosa. As conversas supõem-se em voz baixa e prosseguindo sempre, embora só se «ouçam» de quando em vez.

D. PLACÍDIA

(para D. Edwiges) Ai credo!... Nem me diga!...

D. EDWIGES

Que eu até julgava que eles não eram casados.

D. PLACÍDIA

Lá isso eram Posso garantir, que muito a pesar meu fui madrinha do casamento.

D. EDWIGES

A pesar seu?

D. PLACÍDIA

A pesar meu *(suspira e cala-se). (pausa)*

D. EDWIGES

Minha senhora...

D. PLACÍDIA

(fazendo esforços para nada dizer de importante) Está calor aqui... As janelas, neste tempo, assim fechadas... É preciso deixar uma gretinha... *(para D. Conceição)* Está bastante calor, não acha?

D. CONCEIÇÃO

Muito, minha senhora. *(abana-se com as luvas)* Também acho. *(para D. Casimira)* Que calor, não está?

D. CASIMIRA

Não sinto... É das janelas fechadas...

D. CONCEIÇÃO

Nem é saudável ter as janelas fechadas. Uma gretinha... ao menos...

D. CASIMIRA

Ai eu abri... Mas vou ver. *(vai às janelas, arranja-as. As outras seguem-lhe os manejos com o interesse excessivo de quem está quieto por obrigação há eternidades. Volta ao seu lugar)* Uma tinha, outra não tinha. *(pausa)* D. Felismina, ó D. Felismina...

D. FELISMINA

(rompendo em altissonante choro) Parecia que adivinhava... Ai meu Deus... parecia que adivinhava... Ai... Ai... Ai...

D. ROSA

Às vezes há pressentimentos. Há pressentimentos, Felismina. Quem tem a hora marcada... *(pausa)* Só depois é que a gente vê que o defunto já sabia.

D. FELISMINA

(chorando mais) ...A Belinha... A minha Belinha... nunca soube... nada... Nunca... Não soube ser solteira... não soube ser casada... ai a minha filha... Eu parecia que adivinhava... O meu sonho... o meu sonho na vida, desde que aquele malvado morreu, *(D. Placídia — Malvado? D. Conceição — O marido)* ser sogra... eu tinha de ser sogra... eu precisava de ser avó... o meu sonho desfeito... ali... ali...*(aponta o caixão)* desfeito...

D. EDWIGES

Que horror, D. Felismina! Desfeito, não!... Até duram dias sem se desfazer... *(levanta-se)* Está mesmo tão linda, coitadinha... Com o rostinho tão alegre...

D. FELISMINA

A fazer pouco da minha desgraça!... A fazer pouco da minha desgraça!...

D. EDWIGES

Por quem é...

D. ROSA

(levantando-se) Ó Felismina!... *(D. Felismina grita; D. Edwiges escandaliza-se, grande burburinho).*

D. EDWIGES

(rodeada por D. Placídia e D. Conceição) Meu Deus! Meu Deus! Não estou nem mais um instante! Padre-Nossos

por alma também rezo em casa! A mim, uma vizinha dedicada! A mim, que até chamei o padre! Sim, fui eu quem chamou o padre!... Vou-me embora... Vou-me embora... *(senta-se)*

D. PLACÍDIA e D. CONCEIÇÃO

Então... Então... Não era consigo... Não era consigo...

D. FELISMINA

(simultaneamente, e rodeada por D. Casimira e D. Rosa) Sou muito infeliz... Sou muito infeliz... Tantas não querem ter filhos... coitadinha... coitadinha... *(vai serenando)* Sou muito infeliz... Tantas não querem ter filhos... E eu queria, e só tive esta e a outra... aquela desgraçada... ai a minha vida ai... ai... ai... ai... *(senta-se)*

D. CASIMIRA (e D. ROSA)

Sossegue... (sossega...) Aquela amiga não estava a troçar... Que ideia a sua... (a tua...) *(pausa constrangida, após a tempestade)*

D. FELISMINA

(prosseguindo, lamurienta:) ...A outra... a desgraçada... onde parará?... não quis ser o amparo da sua mãe... Anda para aí a rir-se de mim... Eu vi-a... o outro dia... Está um cangalho, cangalho... Já ninguém lhe pega... E também nunca teve jeito para nada... mesmo que quisesse amparar a minha velhice... já não servia... E eu que de pequeninas, pequeninas, as criei e eduquei, com tanto carinho, tanto desvelo, tanto amor, para amparos da minha velhice... Alguma havia de ser... E não foi nenhuma... Aí está essa: alegre, contente, feliz, sorridente... ai que desgraça a minha... *(funga longamente)*

D. PLACÍDIA

(para D. Edwiges) Vê... Vê que não era consigo, vê?

D. EDWIGES

(suspirando) Bem me custava a crer... Mas tudo é possível neste mundo!... *(relanceia um olhar inquiridor, que D. Placídia não sustenta)*

D. CASIMIRA

(para D. Conceição) Ó minha senhora... e eu que mandei pôr os anúncios... que falei com o homem da agência... Felizmente que me lembrei de pôr «e mais família»... Porque há sempre mais família que aparece, e furiosa por não estar no anúncio...

D. CONCEIÇÃO

E é verdade... Ai se a Aninhas aparece!... Que choque para a D. Felismina... *(para D. Placídia)* Que choque para a D. Felismina!...

D. PLACÍDIA

(com ironia, enquanto D. Edwiges procura ouvir) Muito grande... muito grande... pobre senhora... Imagine-se... assim de repente...

D. CONCEIÇÃO

Claro... Entrar-lhe pela porta dentro!

D. PLACÍDIA

Ah, minha senhora, que ela quando vem nem bate à porta!...

D. CONCEIÇÃO

Não bate?! Mas, que eu saiba, nunca ela cá veio!

D. PLACÍDIA

Pois não, minha senhora... *(indica o caixão)* Aí está o resultado.

D. CONCEIÇÃO

O quê? Ela foi uma desgraçada, é uma desgraçada. Não sei se a chegou a conhecer. Mas era boa rapariga. Eu conheci-a. E ainda a conheço, quando a encontro. E é boa rapariga; até me evita, foge para o outro passeio. Que culpa tem da morte da irmã?! Com quem não se dava... *(sinais de D. Placídia)* a quem não via?!

D. PLACÍDIA

Eu falava da morte...

D. CONCEIÇÃO

E de quem estou eu a falar?... *(pausa, durante a qual D. Edwiges, que escutou sofregamente, se prepara...)*

D. EDWIGES

Ai esta morte impressionou-me muito! Mal tinham vindo cá para o prédio, travámos relações. E a Belinha era tão simpática também!... Coitadinha... E casada de fresco... *(suspiro fundo; depois, para D. Placídia)* que é a senhora quem mo garante... Davam-se muito bem, sabe? Saíam quase todas as noites, quando ele cá estava... E aos domingos também. Quando ele cá estava, é claro. Aqui na rua, até se dizia: «Ou é caixeiro-viajante ou não é casado com ela»... Mais a mais que a D. Felismina era raro sair... *(pausa)* Vocelência vai muito por casa da gente dele, não é verdade?

D. PLACÍDIA

(com decisão) Sou uma velha amiga. Conheço-o desde pequeno. E foi ele quem me pediu para eu ser madrinha do casamento. *(para D. Conceição, e deixando D. Edwiges suspensa)* Mas, minha senhora, que fatal desenlace!... Enfim, Deus escreve direito por linhas tortas... *(com secreta satisfação)* E vidas mal começadas são sempre mal acabadas.

D. CONCEIÇÃO

Isso não quer dizer nada. Há muitos anos que conheço a D. Felismina. Sempre de uma infelicidade... Nem calcula. O marido nunca teve cabeça, pelo menos já não a tinha quando os conheci. Ganhava bem, gastava tudo. E olhe que o não gastava em casa. A D. Felismina trabalhava para fora, depois as meninas iam crescendo, era uma preocupação. Bem vê, as pequenas vêem os vestidos das outras, as meias das outras... Que haviam elas de ver, coitadas? Os maus exemplos? O pai, com esta fúfia e com aquela fúfia?

D. EDWIGES

(não resistindo mais) E agora que a vida se compunha, pobre D. Felismina... Ai, lastimo-a muito... agora...

D. PLACÍDIA

(com ironia) Que a vida se compunha, não... Que a D. Felismina a compusera com tanto esforço...

D. CONCEIÇÃO

E que queria a senhora que ela fizesse? Que se deixasse morrer de fome, com duas filhas bonitas, sem mais nada, o mesmo é dizer à beira da perdição?

D. PLACÍDIA

Desculpe, minha senhora, mas isso de perdição não é comigo. Não lhes deu hábitos de trabalho, é o que é.

D. CASIMIRA

Ai quem é que não trabalha? Se soubesse, minha senhora, estou às vezes sozinha em casa, começo a sentir-me aflita, pego em qualquer coisa, não é aquela, pego noutra, não é aquela. E acabo por sair, visitar alguém, ajudar seja no que for.

D. ROSA

(a D. Casimira, por diante de D. Felismina) Mandaram logo o telegrama a avisar? Ele terá recebido? Chegará a tempo?

D. FELISMINA

(suspirando) Não quero vê-lo... não quero vê-lo... Tudo acabou... Eu bem o ouvia dizer-lhe: «Se não fosse a tua mãe, não tinhas casado comigo»...

D. ROSA

Ó Felismina... não há mal nisso, bem vês... Ele era teu amigo, até se sentia grato...

D. FELISMINA

(abanando a cabeça) Qual... Qual... Eu é que sei... Um pássaro bisnau...

D. EDWIGES

(que entretanto se levantou a observar, compungida, o cadáver, ao voltar a sentar-se, e para D. Placídia) O que é o desgosto de ver-se ao desamparo!... Um pássaro bisnau...

D. PLACÍDIA

Um pássaro, quê?

D. EDWIGES

(com dignidade) Bisnau.

D. PLACÍDIA

Bisnau. *(pausa)* Bisnau quem?

D. EDWIGES

O genro. O *seu* afilhado.

D. PLACÍDIA

Ah sim? Quem lhe mandou a ela deixar sempre a capoeira aberta? Ou entravam os galos de passagem, ou as galinhas fugiam, quando algum cantasse lá fora. O Vasco nunca foi melhor do que os outros, mas também nunca foi pior. Um rapaz como ele, um homem que dá gosto ver...

D. CONCEIÇÃO

Lá isso dá. *(viperina)* Em rapaz, diz-se por aí que não lhe escapou ninguém... Começou cedo... pelas visitas da casa.

D. PLACÍDIA

Tal qual, minha senhora. Eu que o diga.

D. CONCEIÇÃO

(a D. Casimira) Que desavergonhada!...

D. CASIMIRA

Credo!... Quem?!...

D. CONCEIÇÃO

(indicando de esguelha) Esta...

D. CASIMIRA

(debruçando-se para ver) Ah!...

D. CONCEIÇÃO

Não olhe!... Que inconveniência!... Sabe ao que ela vem, sabe?... Aos restos.

D. CASIMIRA

Coitada... precisará... *(D. Conceição fica sufocada)* Sabe Deus que necessidades as pessoas escondem... Enquanto podem!... Uma senhora conheci eu, *uma senhora,* que passava mal... mal... Até que um dia... Morava para Belém... Começou a ir ao quartel.

D. CONCEIÇÃO

(sarcástica) Aos restos?...

D. CASIMIRA

É verdade!... Que horror!... Só vale pensar que são tudo homens saudáveis, que foram a uma inspecção.

D. PLACÍDIA

(a D. Conceição) Não acha estranho que a irmã não apareça?

D. CONCEIÇÃO

Não, minha senhora, não acho. É recatada. Ou não vem, ou espera que seja noite e as visitas se tenham ido embora. Andar de cabeça alta nem toda a gente sabe ou nem toda a gente pode.
(ouve-se bater à porta da rua, precipitadamente. Todas suspenderam as conversas, escutando. D. Casimira levanta-se, vai à janela, espreita)

D. CASIMIRA

Um automóvel, é um automóvel.
(de novo se ouve bater à porta, mas compassadamente)

D. EDWIGES

(que foi ver) E que automóvel!...

D. PLACÍDIA

Será ele!?...

D. CONCEIÇÃO

(enquanto D. Casimira, dizendo «É para cá», *sai para abrir)* Não é possível. *(D. Felismina, soluçante, seguiu atentamente a cena)*

D. EDWIGES

(voltando ao proscénio) Quem será?

D. PLACÍDIA

(a D. Conceição) Parece que nunca viram um automóvel na vida...
(D. Casimira aparece entre portas, chamando ansiosamente. D. Rosa e D. Conceição precipitam-se. E corre de boca em boca: — A Aninhas... A Aninhas... *D. Edwiges comenta:* Falai no mau...)*

D. FELISMINA

(soluçando alto) Deixem-me só, por favor... Só com elas... Ai meu Deus... as minhas duas filhas...
(saem todas, com as hesitações da praxe, à excepção de D. Placídia, que sai dignamente, cerimoniando à porta com D. Conceição. Mal se vê só, D. Felismina levanta-se e corre para a janela. Não tem tempo de a atingir antes de aparecer à porta o vulto de Aninhas. Pressentindo-a, D. Felismina volta-se. Aninhas vem de preto, num luto luxuosamente composto de vestuário negro sim, mas de outras ocasiões. D. Felismina, cabisbaixa, dá dois passos, e Aninhas cai-lhe nos braços, de corrida. Choram abraçadas: daqui em diante todo o final é dolorosamente precipitando nas réplicas e lento nos tempos)

ANINHAS

Mas como foi, Mãe? Como foi?

D. FELISMINA

Não sei, não sei como foi. Tudo tão de repente... Andava caída... Ele até implicava com ela... E eu também... Tinha medo, sabes?...

ANINHAS

(aproximando-se) A mãe tinha medo... *(ajoelha chorando)*

D. FELISMINA

Tinha... *(mesmo por detrás dela)* de ficar sem ninguém, sem nada... E tu? onde paravas?...

ANINHAS

(levantando-se) Pelos sítios do costume.

D. FELISMINA

Sim... Foi de repente... Quase sem um ai... O médico disse que do coração, mas ela já tinha morrido.

ANINHAS

(limpando as lágrimas) Morrer do coração e de repente... *(mostrando o lenço)* Veja, lá borrei a pintura.

D. FELISMINA

Depois compões... Era tão tua amiga a tua irmã, perguntava muito por ti...

ANINHAS

Fugia de mim...

D. FELISMINA

Não, até queria ver-te... Mas... a família do Vasco reparava... não podia ser ...E tu também não nos procuravas...

ANINHAS

Porque a mãe não deixava.

D. FELISMINA

Ó filha, eu não deixava!... Sempre te estimei... Era preciso guardar as aparências.

ANINHAS

As aparências!... As aparências!... Que é que a mãe alguma vez guardou?

D. FELISMINA

Tudo, guardei tudo. Guardei os maus tratos do teu pai. Guardei os desgostos que ele me deu. E guardei-vos, a ti e à tua irmã, para meu amparo, que não tinha outro.

ANINHAS

Só foi pena o *meu* bater a asa... não cair como este.

D. FELISMINA

Não me fales nisso. Tu é que tiveste a culpa, que não fizeste como eu te dizia.

ANINHAS

(indicando o caixão) E ela fez?

D. FELISMINA

(dominando-se) Aninhas... Tem dó de tua mãe, que fica só no mundo... Ele põe-me fora... ou vai-se embora... Que há-de ser de mim?

ANINHAS

Foi o que eu perguntei a mim mesma quando à senhora lhe deu para a honestidade.

D. FELISMINA

A tua irmã era uma rapariga séria.

ANINHAS

Séria, ela? E quem a vigiava nos bailes do Ginásio? Não era eu?

D. FELISMINA

Sim, mas essas coisas não têm importância... Não passam de brincadeiras... Não se perde casamento...

ANINHAS

E eu perdi... Não tinha encontrado ainda um alentejano rico.

D. FELISMINA

E encontraste?

ANINHAS

Está lá em baixo. Mas não casa comigo.

D. FELISMINA

Aninhas, pela tua saúde, por alma da tua irmã, peço-te que tenhas muito juízo. *(ouve-se o cláxon do automóvel)*

ANINHAS

Acha que ele casa comigo, chamando-me assim, sabendo o que eu cá vim fazer?

D. FELISMINA

Aninhas, não me abandones!...

ANINHAS

Eu não a abandono, vou-me embora. *(o cláxon repete o apelo, irritadamente, até final do acto)* Não ouve?

D. FELISMINA

Aninhas, ela morreu! Ela morreu!

ANINHAS

Que quer!?

D. FELISMINA

Não me abandones! Sou a *tua* mãe!

ANINHAS

(já à porta e com amargura) Olhe, sogra não deve ser. E eu não sou espanhola, não preciso de «madre». *(sai. D. Felismina fica a meio da cena, junto do caixão, louca de raiva e desespero. Inclina-se para o cadáver)*

D. FELISMINA

(sibilante) Mosca-morta! Mosca-morta! Estúpida!! *(e, de súbito, esbofeteia Belinha)*

(PANO RAPIDÍSSIMO)

Lisboa, 28 de Janeiro de 1948

33

ULISSEIA ADÚLTERA

PERSONAGENS

D. FUAS
MARÍLIA, *com pronúncia brasileira*
CUNEGUNDES
GUARDA-NOCTURNO
CRIADO MAIS ALTO
CRIADO MAIS BAIXO
SOLDADOS DAS LUTAS LIBERAIS

Entra D. Fuas, *cuja roupa é um misto de clâmide e farda de mosqueteiro (botas altas, esporas, espadalhão, chapéu de abas largas e plumas). Sobre o fundo neutro, existente ao levantar o pano, corre rapidamente com a entrada da figura uma cortina representando, quanto possível, as oleografias da esquadra* yankee *ao tempo da guerra hispano-americana.*

D. FUAS

Só! Novembro, que insuportável mundo, que longas horas, que profundo...

MARÍLIA

(vestida de negro roçagante, precipitando-se do lado oposto, e de joelho em terra diante de D. Fuas) Senhor, senhor, isso é de António Nobre...

D. FUAS

Ah é?... E eu disse que não era, disse?

MARÍLIA

(humilde) Senhor, não...

D. FUAS

Vejamos, pois, o que vos traz por cá.

MARÍLIA

(implorativa) A aflição, a muita aflição, a muitíssima aflição, a...

D. FUAS

(que contou pelos dedos, interrompendo-a) Basta!... Basta!... Basta!...

MARÍLIA

(violenta) Julga que isto aqui é o circo?

D. FUAS

Qu'é que quer?... Diga o qu'é que quer.

MARÍLIA

(implorativa) A aflição, a muita aflição...

D. FUAS

(dá-lhe um encontrão que a derruba. Marília estrebucha, grita, e fica-se. D. Fuas contempla a agonia; puxa dum apito que traz ao pescoço e apita. Entram dois criados de libré) Levem-na. *(os criados pegam em Marília e saem. D. Fuas tem uma lembrança. Apita. Voltam os criados)* Tragam-na. *(os criados saem e voltam, transportando Marília)* Larguem-na... Não! Pousem-na. *(eles pousam)* Sacudam-na. *(sacodem)* Mais... *(Marília começa a ressuscitar)* Ora a menina diga lá como se chama?...

MARÍLIA

(nos braços dos criados) Ma... Ma... Ma...

D. FUAS

A chamar pela mãe!

MARÍLIA

...ri... ri... ri...

D. FUAS

(contagiado) ...li... li...

MARÍLIA

(desmaiando) aaaaa...

D. FUAS

Com um nome desses... Levem-na. *(os criados saem com Marília)* Marília... Marília... Ora aí está.

CUNEGUNDES

(entrando vestida à última moda, velha gaiteira) É este! É este!

D. FUAS

(desbarretando-se, enquanto entram vários soldados das lutas liberais) D. Fuas, senhora, sim, para servir-vos...

CUNEGUNDES

Agarrem-no!

D. FUAS

(desembainhando a espada e esgrimindo com as baionetas) ...braço às armas feito

CUNEGUNDES

Agarrem-no!

D. FUAS

...mente às musas dada...

CUNEGUNDES

Às musas?!... É ele... Agarrem-no! Ó da guarda!!... *(apagam-se as luzes... reboliço... apenas se vê uma lanterna como as que os guardas-nocturnos usavam na barriga)*

D. FUAS

(no escuro) Tu... Cunegundes...

CUNEGUNDES

(no escuro) Sim... eu... Pepe... perpre... perpe... pepre... prepetrador incestuoso e vil do rapto pujante das Sabinas!...

D. FUAS

Sabinas? Acendam as luzes, que diabo é isto? *(acendem-se as luzes. Cunegundes e D. Fuas estão de chapéus trocados. Entre ambos um guarda-nocturno de grandes bigodes. No chão as casacas, as barretinas e as espingardas dos soldados)*

GUARDA-NOCTURNO

Esta senhora gritou «Ó da guarda», e saiba V. Ex.ª que eu de dia não faço serviço.

CUNEGUNDES

Gritei «Ó da guarda», não gritei «nocturno».

D. FUAS

(facinoroso) Não gritou nocturno!

GUARDA-NOCTURNO

Pois não gritou, mas, minha senhora, que há de mais belo que um nocturno...

CUNEGUNDES

Um nocturno sem guarda!

GUARDA-NOCTURNO

Sem guarda... *(suspira)* Sem guarda... *(recita)* Sem guardas m'irei da vida... Sem guardas te deixarei... Sem guardas tão presumida... *(D. Fuas apita. Voltam os criados de libré, a quem ele fez um gesto)*

D. FUAS

Levem-no!

GUARDA-NOCTURNO

(exangue, nos braços dos criados) Sem guardas te perderei... *(Saem os criados, levando-o)*

CUNEGUNDES

Ai que lindos versos!... *(aliciante)*... Fuas... Fuas... Ai que lindo rapaz...

D. FUAS

(pavoneando-se) Favores... Favores... Cunegundes... a tua memória trai-te...

CUNEGUNDES

Não és tu... *(apontando, com um suspiro, para os bastidores)* É ele...

D. FUAS

(sempre de espada nua) Ele quem?

41

CUNEGUNDES

Ele.. o mais alto...

D. FUAS

O mais alto?

CUNEGUNDES

Se tu apitasses...

D. FUAS

Nãããããão!

CUNEGUNDES

Fuas... apita... Fuas... apita... Fuas... apita...

D. FUAS

Vá lá... Só por esta vez... *(apita. Cunegundes desmaia com um grande ai. Os criados entram. D. Fuas para o mais baixo:)* Leva-a.

CUNEGUNDES

(sentando-se no chão) Não é esse, é o outro. *(o criado mais alto leva-a, já desmaiada em ais. Fica o mais baixo)*

D. FUAS

(após uma pausa) Fabrício, desde quando és meu criado?

CRIADO MAIS BAIXO

. Saiba V. Senhoria que desde a tomada de Lisboa aos mouros...

D. FUAS

Há muito tempo... *(apita, e deixa-se cair)* Leva-me. *(o criado transporta D. Fuas, que a sua cortina acompanha. Ficam em cena os restos, já descritos, dos soldados e os chapéus de D. Fuas e Cunegundes. A luz esverdinha-se, os chapéus fogem pelos ares)*

(CAI O PANO)

Lisboa, 30 de Janeiro de 1948

A MORTE DO PAPA

PERSONAGENS

O MÉDICO-OFICIAL
O REACCIONÁRIO CONSPÍCUO
O SOTAINA
UMA VOZ
OUTRA VOZ
VOZES

Numa cena totalmente obscura entra um homem, lendo um imenso jornal. Ao ritmo dos seus passos, vai-se firmando uma claridade difusa que, quando ele pára a meio do proscénio, o mostra. É um homem de idade indefinida, como todos os reaccionários conspícuos e acacianos, aprimoradamente vestido de um modo que lembra 1900. Com forte emoção mergulha a cabeça no jornal que um facho de luz ilumina violentamente. Emite grunhidos de aprovação e cólera imbuída de profundas convicções. Ao fundo, à esquerda, as luzes começam a destacar um pequeno grupo. São três figuras dispostas como uma Pietá. *Uma figura feminina velada tem atravessado no colo o cadáver semi-nu de um jovem cuja cabeça retém e sobre o qual se debruça, enquanto, ao lado, uma figura hierática, vestida de um modo que lembra as fardas de SS, usa lunetas e tem na mão um objecto que, ao debruçar-se para o cadáver, se vê ser um estetoscópio que aplica no peito descarnado. Ausculta com atenção profissional, impassível. Endireita-se, empertiga-se e avança, agora bem iluminado, para o proscénio; dirige-se ao público, enquanto o outro homem continua* même jeu.

O MÉDICO-OFICIAL

Minhas senhoras e meus senhores. Na qualidade de cirurgião diplomado pelas principais universidades do Ocidente, e doutor *honoris-causa* por todas as outras, com excepção de algumas muito recentes fundadas em regiões tropicais para o serviço de populações inferiores pela raça e a cultura; e no cumprimento das minhas funções oficiais de necrólogo-chefe de todos os necrotérios do mesmo Ocidente que acabei de referir, cumpre-me declarar que este homem está morto, indiscutivelmente morto, apresentando o quadro completo de todos os sintomas da morte clínica e não clínica. O facto de uma mulher que passa por ser sua mãe o reter teimosamente no colo em nada altera o mesmo quadro. Está morto, queiram V. Excias acreditar. De resto, que um homem esteja morto, quando eu o proclamo, declaro e ratifico com a minha autorizada assinatura, não depende de coisa alguma senão da minha declaração. Se não está, estará. Se está, é claro que está. Se estaria, é um caso que só dependeria de exumação após o sepultamento, o que não pode ser feito sem a minha autorização, a qual só posso dar se a certidão de óbito oferecer dúvidas que não pode oferecer quando fui eu próprio quem a passou. Fiquem V. Excias bem cientes de tudo isto, para a hipótese de se encontrarem na mesma situação. *(pausa)* A *causa mortis...* é perfeitamente clara. Colapso cardíaco subsequente à aplicação de uma sentença que foi aplicada por ser justa e foi justa por ser aplicada. O corpo apresenta equimoses suspeitas, sem dúvida. Mas é meu dever que fique claro o seguinte: os homens nunca morrem das equimoses ou dos derrames internos que uma sentença provoque, ou que a pesquisa da verdade e da culpa obrigue a empregar. Morrem sempre de colapso cardíaco, uma vez que, em dadas e reconhecidas circunstâncias, o coração pára. Foi o que aconteceu com este e acontecerá com todos vocês. Perdão, acontecerá com Vossas Senhorias.

O REACCIONÁRIO CONSPÍCUO

(emergindo do jornal) É exactamente o que diz aqui. Exactissimamente. A morte de um homem culpado de agitar a paz social e a ordem pública é sempre, clinicamente falando e anatomopatologicamente falando, um colapso cardíaco.

O MÉDICO-OFICIAL

(que pasmou da interrupção, abre-se num sorriso, aproxima-se do outro, e mergulha com ele a cabeça no jornal) Ah, esse jornal é muito bom, não há melhor jornal, eu mesmo sou o conselheiro de assuntos médico-policiais... *(a luz apaga-se sobre a Piétá)*

O REACCIONÁRIO CONSPÍCUO

(emergindo por sua vez — e daqui em diante alternadamente emergem do jornal) Mas como?! Tenho então o subido prazer, a esplêndida satisfação de falar com...

O MÉDICO-OFICIAL

Eu mesmo! Eu mesmo! Eu mesmo!

O REACCIONÁRIO CONSPÍCUO

E eu que sempre aguardava uma oportunidade de conhecer o senhor! Porque, permita-me que me apresente, eu sou... oh... perdoe a imodéstia... eu sou o director do...

O MÉDICO-OFICIAL

Mas, preclaríssimo doutor, eminentíssimo defensor das mais sagradas causas comuns e não comuns às pátrias dignas desse nome, o senhor é...

O REACCIONÁRIO CONSPÍCUO

(com ares de virgem púdica) Sou o director desta singela folha independente, e guardiã indefectível das liberdades democráticas e outras, e defensora de todas as grandes causas de libertação nacional, e impoluto e resoluto baluarte dc todas as tradições e de todos os direitos legitimamente consignados na Constituição escrita e naquela que, não sendo escrita, está todavia inscrita nos nossos corações de velhos patriotas. Porque, meu ilustre clínico...

49

O MÉDICO-OFICIAL

Necrólogo, necrólogo-mor.

O REACCIONÁRIO CONSPÍCUO

Porque, meu ilustre clínico...

O MÉDICO-OFICIAL

Necrólogo, necrólogo-mor.

O REACCIONÁRIO CONSPÍCUO

Mor. Porque...

O MÉDICO-OFICIAL

(interrompendo) Porque não é patriota quem quer, mas quem pode.

O REACCIONÁRIO CONSPÍCUO

Porque o patriotismo é um direito, não é um dever.

O MÉDICO-OFICIAL

Um dever herdado, um dever legado, um dever comprado, um dever adquirido...

O REACCIONÁRIO CONSPÍCUO

Por séculos e séculos de sangue transmitido...

O MÉDICO-OFICIAL

Derramado...

O REACCIONÁRIO CONSPÍCUO

Sugado...

O MÉDICO-OFICIAL

Ou recebido em transfusão de origem rigorosamente garantida.

O REACCIONÁRIO CONSPÍCUO

Como o doutor saberá melhor do que eu, os doutores ca... cariotas...

O MÉDICO-OFICIAL

Ca... quê?

O REACCIONÁRIO CONSPÍCUO

Perdão, cairotas.

O MÉDICO-OFICIAL

Cai... quê?

O REACCIONÁRIO CONSPÍCUO

Os doutores cairotas...

O MÉDICO-OFICIAL

Não é possível! Não existe essa especialidade em medicina!

O REACCIONÁRIO CONSPÍCUO

Em medicina?! Cairotas, do Cairo.

O MÉDICO-OFICIAL

De onde?

O REACCIONÁRIO CONSPÍCUO

Do Cairo, a capital do Egipto.

O MÉDICO-OFICIAL

Ah, do Egipto. No Egipto há médicos. Uma vez, num congresso da minha especialidade, até encontrei um, excelente sujeito, muito entendido em colapsos cardíacos. Não sei se ele seria...

O REACCIONÁRIO CONSPÍCUO

Cairota.

O MÉDICO-OFICIAL

Isso, cariota.

O REACCIONÁRIO CONSPÍCUO

Ou isso. Pois lá os doutores da lei, os sábios do Corão, decretaram que, nas transfusões de sangue, não é possível a um crente receber sangue de um ateu, materialista, comunista. Não acha uma medida genial? Que garantia temos nós de que ideologias perniciosas não dependem da constituição do sangue? Os meus cavalos de corrida são de sangue puro, por isso correm bem. Um sangue impuro é indubitavelmente uma fonte de distúrbios sociais.

O MÉDICO-OFICIAL

Muito provavelmente. O senhor director é um homem de ideias sanguíneas corajosas.

O REACCIONÁRIO CONSPÍCUO

Digo mais ao senhor: é uma vergonha, um sinal da depravação dos tempos, e de como as ideologias perniciosas separam os fundamentos de toda a ordem constituída que defendemos, é uma vergonha, repito, que o Papa não tenha decretado uma coisa semelhante. E muito antes, muito antes. Porque, repare, a Santa Igreja é mais velha seiscentos anos que Maomé. Logo...

O MÉDICO-OFICIAL

Logo...

O REACCIONÁRIO CONSPÍCUO

Logo.

O MÉDICO-OFICIAL

Logo. *(ao fundo, à direita, começa a divisar-se um trono papal em que um papa quase desaparece atrás de uma floresta de microfones, lâmpadas de televisão, etc. — da floresta emerge uma figura de sotaina negra que avança para o proscénio iluminado e se dirige ao público)*

O SOTAINA

Meus amados irmãos. Reunidos que estamos, nesta sala, enquanto o Santo Padre fala ao mundo levando a palavra divina a todos os recantos da Terra, lembrando a todos os homens que são irmãos e que a justiça é a mesma para todos na Terra e no Céu, convenhamos em que o Santo Padre, na sua infinita bondade, na doçura do seu coração amantíssimo, exagera. Sim, meus queridos irmãos, exagera. Melhor dizendo: não exagera... O Santo Padre não nota que falar numa sala a duas dúzias de peregrinos ou no gabinete a meia dúzia de bispos não é o mesmo que deixar-se cercar por aqueles objectos que não discriminam quem os ouve, quando repetem, por toda a parte, coisas que o bom povo, o povo humilde, o povo simples, não pode, na sua pura simplicidade, entender. Falar assim é agitar as almas, e não salvá-las.

O REACCIONÁRIO CONSPÍCUO

(emergindo do jornal) É exactamente o que diz aqui. Exactissimamente. Não podem os pastores assustar os rebanhos com ideias impróprias de rebanhos. Um Papa que fala a todos naquilo que todos não podem nem devem ter... é...

O SOTAINA

(mesmo jogo do médico em idêntica situação) Ah! esse jornal é muito bom, não há melhor jornal, eu mesmo sou conselheiro de assuntos religiosos... *(a luz apaga-se sobre a cena do trono e dos microfones)*

O REACCIONÁRIO CONSPÍCUO

Mas como? Tenho o subido prazer, a esplêndida satisfação de falar com...

O SOTAINA

(humilde, esfregando as mãos) Eu mesmo... eu mesmo... eu mesmo.

O REACCIONÁRIO CONSPÍCUO

E eu que sempre aguardava uma oportunidade de conhecer Vossa Reverência. Porque, permita que me apresente, eu sou... Oh... perdoe a imodéstia... eu sou o director do...

O SOTAINA

Do jornal que tem nas mãos. Que reconheço como defensor das mais sagradas causas da moralidade pública e privada, em todos os planos da ordem. E não digo ordem social porque, a partir do momento em que, da palavra «social» derivaram o socialismo, ela perdeu todo o conteúdo autêntico. De resto a ordem é só uma, una e indivisível.

O REACCIONÁRIO CONSPÍCUO

Tem Vossa Reverência a máxima, a verdadeira, a única razão. Felizmente que ainda há, dentro das sotainas, quem defenda os bons princípios que, desgraçadamente, já não são defendidos do alto da sédia gestatória.

O SOTAINA

Oh, meu caríssimo e venerando irmão!... a sédia gestatória é só uma cadeira, e, para mais, uma cadeira usada só em certas ocasiões solenes, e carregada às costas de uns quantos sujeitos.

O REACCIONÁRIO CONSPÍCUO

Porque os princípios da nossa civilização são anteriores a ela, anteriores a nós, anteriores a tudo! E uma cadeira... Ah! meu Reverendo, que tremendo erro o Papa ser eleito! As eleições são a expressão da nossa representatividade de representativos da ordem representada pelos representantes que somos. Quem as ferir com um sopro ofende os mais sagrados dos nossos princípios. Mas, aqui entre nós, a cadeira papal devia ser hereditária.

O SOTAINA

Como?!

O REACCIONÁRIO CONSPÍCUO

Hereditária.

O SOTAINA

Mas como?!

O REACCIONÁRIO CONSPÍCUO

É... na verdade, é uma problema. Mas será um problema? Sim, ante a necessidade de se impedir que a infiltração comunista atinja a própria eleição do Papa, será que esse problema importa? *(ouve-se um tiro, o palco é subitamente invadido por um tumulto de repórteres, fotógrafos, ouve-se um clamor confuso, a iluminação é total para uma confusão que envolve as três figuras do proscénio)*

UMA VOZ

Mataram o Papa!

OUTRA VOZ

O quê?

VOZES

Mataram o Papa!

UMA VOZ

Com três tiros, quando, após discursar *urbi et orbi*, passava na sédia gestatória. *(as luzes apagam-se de repente, para logo se acenderem para o proscénio com as três figuras de antes)*

O SOTAINA

(ajoelhado e de mãos postas, olhos em alvo, um doce sorriso) Deus escreve direito por linhas tortas...

O REACCIONÁRIO CONSPÍCUO

(lendo) É exactamente o que diz aqui. Exactissimamente. *(pausa)* Mas... de que morreu o Papa?

O MÉDICO-OFICIAL

(procurando no jornal) Eu disse, eu disse. De colapso cardíaco.

O REACCIONÁRIO CONSPÍCUO

Colapso? *(sorriso malicioso para os outros dois)* Foram os comunistas.

(AS LUZES APAGAM-SE)

Araraquara, 1964

O IMPÉRIO DO ORIENTE

PERSONAGENS

O HISTORIADOR
JUSTINIANO, *imperador*
TEODORA, *imperatriz*
DEMÉTRIOS, *reparador de aspiradores de pó*
1.º CENTURIÃO
2.º CENTURIÃO

Personagens da corte bizantina; Basílio,
chefe dos vassouras de Santa Sofia, etc.

Com o pano descido, os projectores iluminam a entrada de uma figura conspícua de homem, cuja indumentária deve sugerir a elegância severa de um Conselheiro Acácio. Para ler os papéis e calhamaços que traz sob o braço o Historiador ajusta as lunetas, procura ansiosamente e discretamente uma mesa ou secretária em que pousá-los primeiro e, não encontrando tais adereços, a sua leitura, que se dispersa por várias obras e papéis, será constantemente perturbada pela procura de umas e outros, de sob o braço, sempre no receio de que lhe caiam no chão.

O HISTORIADOR

Minhas senhoras e meus senhores. A nossa prelecção de hoje versará sobre um dos períodos mais interessantes da História da Civilização, na sequência das lições que temos tido a honra de proferir perante um tão selecto auditório. Recapitulemos um pouco. Como deixámos estabelecido, o Império Romano repartiu-se definitivamente em duas partes, no fim do século IV da nossa era de Cristo: o Império do Ocidente, predominantemente latino, com a capital em Roma, e o Império do Oriente, predominantemente grego, com a capital em Constantinopla, a cidade que havia sido, sob o nome de Bizâncio, uma antiga colónia grega e que hoje conhecemos, ou os turcos conhecem e nos obrigam a conhecer, pelo nome de Istambul. A velha Bizâncio, porém, de tal modo prevaleceu no espírito helénico a que o Império do

Oriente sempre recorreu nas suas horas de patriotismo, que este Império ficou tendo o nome de Império Bizantino. Como é sabido, as minúcias protocolares de um Império que era ao mesmo tempo grego e oriental, o seu extremo refinamento de civilização e cultura, talvez mesmo o ridículo desse estilo de vida altamente requintado, cunharam a palavra «bizantinice», com que designamos qualquer excesso de formalismo. Mas o Império do Oriente foi um poderoso e civilizado país, que durou mil anos, até que, com a conquista de Constantinopla pelos turcos, em 1453, a data que marca o fim da Idade Média, ele foi riscado do mapa da cristandade. O Império do Ocidente teve uma vida curta e mais precária: desaparecera mil anos antes, com a tomada de Roma por uma horda de bárbaros, que suprimiu a coroa imperial. Foi em 527 da era cristã. Há mais de mil e quatrocentos anos, que o imperador Justiniano ascendeu, em Bizâncio, ao trono dos Césares, e pode dizer-se que ele foi o último grande imperador romano, porque foi, na sequência imperial, aquele que, a poder de guerras vitoriosas, quase reconstituiu, sob a sua égide, o antigo Império, desde a Península Ibérica à Grécia e ao Próximo Oriente, passando pela própria Itália. Sucedia ele a seu tio, o imperador Justino I, um camponês da Macedónia que, chegado a Bizâncio descalço e de saquinho às costas, foi, por seus reconhecidos méritos e por alguns acasos da subtil política da capital bizantina, elevado ao trono mais glorioso da cristandade medieval. Como seu tio, Justiniano era um camponês macedónio, embora possamos supor que, ao subir ao trono, por certo já tivesse servos trabalhando as suas terras. Personalidade dominadora e culta, ele foi uma das grandes figuras da história europeia, como organizador, como legislador — o código de Justiniano chama-se assim porque ele o mandou fazer —, como militar, e como chefe religioso que impôs à cristandade as suas concepções da ortodoxia cristã. Certa rigidez da sua personalidade, dizem os autores competentes que foi muito amaciada, com excelentes resultados para os problemas que agitavam e dividiam um tão vasto império, pela imperatriz Teodora, senhora de muito baixa extracção e juventude extremamente aventurosa, que, por amor, Justiniano sentou a seu lado no trono mais ilustre da cristandade.

Teodora, que era de origem oriental, estava em condições de compreender, mais finamente que seu augusto marido, as dificuldades do Império, e possuía muito maior flexibilidade e muito mais tacto político do que ele. Não há quem não conheça as imagens de uma e de outro, tal como se retrataram para a posteridade, rodeados das altas personalidades da sua corte, nos célebres mosaicos da Igreja de São Vital de Ravena, cidade da Itália, pertencente aos territórios do Império. *(exibe cartões dos mosaicos)* Estes esplêndidos mosaicos, feitos de minúsculas pedrinhas coloridas, engastadas com paciência que diríamos bizantina, são jóias da arte universal. Reparem, minhas senhoras e meus senhores, na elegância hierática das figuras. O hieratismo delas é uma característica da arte bizantina, e reflecte o rígido formalismo da civilização do Império do Oriente: grega e oriental, fervorosamente cristã, e guardando nos costumes e na linguagem as grandes tradições da Grécia antiga, de que os bizantinos se consideravam, e eram, os herdeiros. O imperador Justiniano, de quem especialmente nos estamos ocupando, reinou trinta e oito anos, até à sua santa morte, em 565, há mil e quatrocentos anos. *(ouvem-se ao longe trombetas e aclamações, misturadas com coros que lembram, ao mesmo tempo, o canto gregoriano e os da Igreja Ortodoxa russa)* Justiniano e Teodora, cujo reinado coincidiu com uma das mais civilizadas e brilhantes épocas da Idade Média que então nascia, ficaram na memória das gentes *(as luzes vão-se apagando, enquanto os clamores, os coros e as trombetas, caoticamente sobrepostos, abafam a voz do Historiador),* tornaram-se uma lenda tão colorida como os mosaicos esplendorosos que vos mostrei. Teodora e Justiniano, imperadores do Oriente... *(as luzes apagam-se por completo, o Historiador, que mal se via, deixa de ouvir-se)*

VOZES

(dispersas, enquanto os clamores, as trombetas e os coros se vão afastando) A importação de conservas das Espanhas diminuiu em 30% este ano... A imperatriz, hoje, ao visitar os enfermos, distribuiu donativos a todos: uma galinha, um

livrinho de orações, e uma caixinha com o retrato dela... O imperador reuniu o Conselho de Estado, para ouvir o relatório sobre as províncias orientais; ficou decidido que a ocupação militar se prolongaria até à completa execução fiscal dos tributos em atraso. Ontem, nas corridas do hipódromo, as apostas subiram a milhões, considerando-se que nunca haviam atingido um tão alto nível. A carne desapareceu dos mercados: uma delegação da população avistou-se com o porteiro do palácio imperial, que lhes prometeu a melhor atenção do governo para a resolução do caso. O capitão de um navio hoje entrado no porto de Bizâncio visitou o patriarca para lhe relatar que, apesar das aspersões de água benta que foram cuidadosamente feitas ao cruzar pelo sul da Sicília, toda a tripulação teve de ser amarrada com fortes cordas para não se atirar ao mar, seduzida pelos apelos das sereias que, apesar de velhas, ainda operam naquelas paragens... *(silêncio)*

(ao abrir o pano, a cena está numa penumbra da qual emerge difusamente o mobiliário de um quarto de dormir extremamente banal e burguês, com uma larga cama de casal, as banquinhas de cabeceira com os seus candeeiros, etc. Os pés da cama estão para o público. Há uma porta à esquerda e outra à direita. Teodora, em camisa de noite, chinelos, robe de chambre, *entra da porta da direita, que, ficando aberta, a ilumina e à cama, em cuja borda se senta. É uma mulher de meia idade, de cabelos fartos e soltos, amaneirada de gestos, com um ar de indolência desocupada. Espreguiçando-se e compondo o cabelo, dirige-se ao público)*

TEODORA

Este homem, o meu marido, é insuportável. Estou farta, farta de o aturar. Justiniano! Justiniano!! *(adoçando a voz)* Justinianinho... *(ouve-se da esquerda, adentro da porta, um forte grunhido)* Vejam se isto se admite. Se berro, não responde; se chamo docemente, é ele quem ruge. Há anos e anos que isto dura. Oh, não pensem que há muitos anos, é um modo de falar. Como vêem *(levanta-se e exibe-se, rodando o corpo)*, não sou tão velha que isto possa durar há muitos anos... *(senta-se na borda da cama)* E mesmo, ao princípio, isto não acontecia. O nosso casamento foi um casamento de amor, de amor violento, apaixonado, cego, que nem precisava destas cerimónias nocturnas para estar sempre aceso, num incêndio de paixão. Um verdadeiro incêndio que me queimava toda, que me arranhava, me mordia, me enchia toda de nódoas negras... *(levanta-se, exibe os braços, os ombros, as coxas)* e agora não tenho uma única nódoa, um único arranhão, uma única marca dos seus dentes... *(senta-se)* De resto, ele também não tem. Justiniano! *(silêncio)* Jus-ti-ni-a--no!! *(silêncio)* Julgam que vou expor-me outra vez aos rugidos desse leão careca e sem pêlo?... Ah, com ele era cabeludo, Deus meu!... Como era belo... Um Apolo, uma estátua de Apolo, Deus me perdoe, mas uma estátua toda coberta de pêlo. A cabeleira uma beleza, o peito, uma beleza ...enfim, tudo uma beleza, um Apolo sem o frio da pedra e com a macieza áspera do Tosão de Ouro... Agora... *(voltando-se para a porta da esquerda, sem se levantar)* Justinianinho... meu amor... *(ouve-se um grunhido de resposta, mas mais doce que o anterior)* Já está mais doce... Não tarda aí... É sempre assim todas as noites. Fica a trabalhar ou a fingir que trabalha até que eu adormeça; e eu aqui acordada à espera, a pensar nele, a chamá-lo, desperta, ansiosa como jovem esposa até que ele chegue... *(deita-se na cama, sobre a roupa e sem despir o robe)* e, quando chega, diz ele depois que já ressono. Será que eu ressono de verdade, ou ele diz isso para me humilhar? Fiz três operações ao nariz, não acredito que ainda ressone. Ele sim, que ressona muito, e na mesma tonalidade com que grunhe. Tenho a certeza absoluta. Muitas vezes, ainda nos meus braços, e já ressona conjugalmente, num abandono de marido. Porque os homens só ressonam em solteiros, quando dormem sós, e depois de casados, só quando dormem com as dignas esposas. É impossível que algum ressone ao lado das amantes. Com efeito, das duas uma; ou o encontro é casual, e não há tempo de dormirem, porque outro pode chegar, por exemplo o marido, nunca se sabe, ou o encontro é habitual, um costume já estabelecido, com dias marcados, e não é para dormir que eles se encontram. E, quando dormem, qual é o homem que confia tanto no seu poder, tem tanta confiança na sua arte e na sua força, que se deixe ressonar ao lado da amante? Nenhum. Eu pelo menos nunca vi. *(senta-se abruptamente na cama, levando a mão à boca)* O que eu fui dizer! Hão-de ficar pensando que eu já tive amantes, que eu sei, que eu vi, porque tive muitos amantes. E eu não tive muitos. Tive um só. Um único. Adivinhem quem?... O Justiniano, sim... O meu passado, antes de casar com ele, foi muito livre, não é segredo nenhum. Está nos livros de História, onde se diz que eu comecei a minha vida... Mas para que hei-de falar nisso, se toda a gente sabe? Mas esses homens, mesmo o primeiro, que já nem recordo, não foram meus amantes. Eu é que fui amante deles. Entendem a diferença? Dispuseram de mim, e eu dispus deles para chegar aonde queria. *(dá uma gargalhada amarga)* Para chegar aqui, a esta cama, este quarto, esta casa, este mundo... Grande triunfo, não haja dúvida... Justiniano! Justiniano!! *(silêncio)* Agora nem me responde. Dominar o mundo, ter tudo quanto quero e não quero, e nem a estas horas o marido vem para a cama, quando eu chamo. Hão-de concordar que é triste. *(pausa)* Às vezes penso em depô-lo, fazer uma revolução... ou só um golpe de Estado, que é mais barato. Mas a verdade é que eu gosto dele. E, de qualquer maneira, eu sou o que sou porque casei com ele, e, se me desfaço dele, quem me garante que os outros continuam a respeitar-me?... *(deita--se de novo)* E estou tão farta dos homens, farta de homens, do cheiro deles, dos olhos que eles me deitam, das mãos deles quando me tocam, até do peso deles... O Justiniano era leve como uma pena... Com o seu peso e o seu tamanho, era como se voasse sobre mim, como uma águia que me dava bicadas, me cravava as garras, me trespassava toda, sem pousar em mim... Justinianinho!! Ju-ju!! Jujuzinho!!!... *(levanta-se, e de pé, com as mãos na cinta, esbraveja)* Detesto usar estes diminutivos ridículos, inteiramente impróprios da minha categoria e da dele. Asno, cavalo, cretino, burro, quadrúpede, mula, zebra, centopeia, crocodilo, vaca, vaca, vaca, vaquíssimo! *(vem até ao proscénio)* Sou muito injusta com ele, muito. Na verdade, que me interessa que ele venha deitar-se ao meu lado, que pouse o braço, eu sei, numa das minhas pernas, e ponha nos lábios um sorriso que eu conheço há imenso tempo? É uma pura mentira. Pura mentira... Eu sempre o detestei, sempre detestei esta expectativa idiota... Quanto melhor é chamar um escravo, e dizer: dispa-se aí, o que o escravo faz depressa, porque não traz roupa nenhuma. E depois: deite-se aí, ou fique aí de pé, conforme. O pior é que, em geral, os escravos ficam tão atrapalhados que não acontece nada, ou é um trabalho imenso até que aconteça. E, francamente, não é da minha categoria, estar a excitar um escravo, como se ele fosse um marido desabituado de dormir com outras mulheres. Tive uma vez um escravo que pedia licença para me bater primeiro. Mas batia com tanta delicadeza, com medo das consequências, que perdia a graça toda. E se era belo, Deus me perdoe!... Magro como um vime, flexível como um caniço, e rijo, rijo... moreno muito claro, daquele tom vagamente verde dos bronzes limpos... e sem um pêlo no corpo, ou quase... Sem pêlo nenhum, a não ser... porque, enfim, sempre achei ridículo mandar depilar os escravos. O Justiniano sempre teve essa mania. Juju!! Jujuzinho!! *(num rompante, vai à porta da esquerda, escancara-a, e, iluminada pela luz que dela jorra sobre a cena, grita)* Acha que ainda não são horas de vir para a cama? Acha que estou disposta a ficar aqui a vida inteira à sua espera? *(silêncio)* Não me responde? Quer desfeitear-me diante desta gente toda que está à espera de o ver? Que está à espera de ver o que vamos fazer, depois que estivermos juntos, *(pisca o olho para o público)* juntinhos no tálamo, a propósito *(fala para dentro)* estou farta desta cama e deste colchão, é muito mole. Já não temos idade para colchão tão mole. Ou você já não tem. Do que precisa é de colchão duro, bem duro. *(silêncio)* Não me responde *(atira com a porta, e vem deitar-se na cama, onde fica atravessada; depois, levanta-se e fecha a outra porta, e volta a deitar-se. A cena fica de novo na penumbra. Do leito, vem a voz de Teodora)* Eu te direi, canalha. Chega-te cá com palavras mansas, que eu te direi. Ou chega-te à bruta, com esses ares de imperador do mundo, que eu te direi também. Cretino. Julga que traz uma coroa na cabeça, e o que traz à cabeça não é uma coroa, não, nem de pedras, nem de rosas.

65

É uma coroa de chifre. De chifre. De-chi-fre. Que eu lhe mandei fazer no melhor joalheiro da capital imperial. *(pausa, bocejo)* Por sinal, que o homem era joalheiro, realmente. E com umas artes de filigrana, que Nossa Senhora me valha... *(riso, bocejo)* Nossa Senhora sempre me valeu em tudo... Não posso esquecer as minhas orações... Se adormeço de repente... É um grande pecado... Não houve nunca nenhuma ocasião na minha vida em que eu me esquecesse de quanto lhe devo, e deixasse de rezar, à noite, antes de adormecer, as minhas orações à Mãe de Deus. Com ela a gente entende-se, embora ela não tivesse tido nenhuma experiência da vida. Deve ser por isso. Com Deus a coisa é mais difícil, não há nada que ele não saiba, não tenha experimentado. *(riso, bocejo)* Lá estou eu a ter pensamentos pecaminosos que conspurcam a minha alma pura. *(pausa)* Mas com Ele é que era. Com Ele é que era. *(pausa)* Não penso noutra coisa. *(pausa)* Em que há-de pensar uma imperatriz? Hei-de fazer-me freira, não tenho outro remédio. *(pausa)* Pai Nosso que estais nos céus. *(pausa)* Não conheci meu pai, o meu pai é o imperador. *(pausa)* Justiniano... Juju... Jujuzinho querido... *(silêncio)*

(a cena mergulha por instantes em treva. As luzes acendem-se abruptamente. Uma cortina é todo o cenário neutro. Dos móveis só resta a cama, em que Teodora dorme. As portas desapareceram. Da esquerda, surge Justiniano, alto e forte, vestido como nos mosaicos de Ravena, e avança até ao proscénio)

JUSTINIANO

Todas as noites espero que ela adormeça, só para não ter de ouvi-la. Tem a mania que é imperatriz. Quando a conheci vendia couves no mercado, e dormia com o pessoal do circo. Não é verdade que, degrau a degrau, tenha subido até mim. Fui eu quem, de um golpe, a tirei da vida, em que nem sequer era profissional. Mas eu, logo que a vi, percebi que mulher ali estava, que vocação para profissional de qualquer coisa havia naquele corpo maravilhoso. Porque era maravilhoso, não julguem pelas aparências de hoje. Podia ser profissional de tudo: eu decidi que haveria de sê-lo de esposa, minha esposa, e casei com ela. Mas pouco a pouco, à medida que a nossa vida foi melhorando com uns negócios que eu fiz e em que tive sorte, começou a imaginar-se imperatriz de Bizâncio, imperatriz do Oriente, o diabo. Não houve quem lhe tirasse isso da cabeça. E o pior foi quando, pela manhã, aparecia em casa um fornecedor, um vendedor, fosse quem fosse de macho. Era logo: Escravo, dispa-se, deite-se ali, ou fique aí de pé, conforme. O pessoal de casa também não tinha parança: tudo eram escravos. Maria, o meu banho de leite de burra, Josefa, o meu penteado imperial, Joaquina, o meu leque de plumas e, quando elas ficavam a olhar para ela, zupa, chicote nelas, com uma vergasta de couro, que mandou fazer, com castão de pedras, no ourives da esquina do Hipódromo. Foi um inferno. Acabámos por ficar sozinhos, sem ninguém que nos servisse, mandando vir a comida de fora. E sou eu mesmo quem, às escondidas dela, fico lavando a louça. Que julgam que eu estava a fazer? Dirigir império? Despachar com ministros? Redigindo códigos? Estudando campanhas com o meu Estado Maior? Discutindo os dogmas com o patriarca, não? Pura e simplesmente lavando a louça. E sou eu quem faz todas as compras desta casa, porque não há quem se atreva a chegar-se à nossa porta. Ainda hoje veio, porque era preciso, o rapaz dos aspiradores de pó, porque o nosso, quando ontem eu o passava nos tapetes da sala, encravou. Pois foi preciso que o rapaz ficasse em cuecas, em cuecas, repito, enquanto desmontava o aspirador, e ela à volta dele todo o tempo, exigindo que ele ainda tirasse as cuecas. O resultado foi que a máquina não ficou consertada, porque não é coisa que se faça em cuecas, com uma mulher gritando que o homem não tem pêlo, e é de bronze, e deve tirar as cuecas para ela ver se o mandaram depilar, e, ainda por cima, o marido ao lado a pedir desculpa e a pedir, por piedade, que ele não dê ouvidos nem cuecas e conserte o aspirador! É uma vida infernal que me faz, acreditem, uma piedade infinita. É por dó que a não interno num asilo, e também pelo respeito que devo a Deus Nosso Senhor, cujo delegado sou na Terra. Se a não vigio, se a deixo só num hospício, começará logo a exigir que Deus... enfim, nem é coisa que se diga, já que Deus não conserta aspiradores. Que pobre mulher a minha! E que tremendo erro ter casado com ela, fascinado por um corpo de profissional, pronto para a profissão que se lhe desse! Porque ela tem horror de mim, não deixa que eu lhe toque sequer com um dedo, lhe pouse carinhosamente a mão numa das pernas, em geral a direita, porque eu durmo do lado direito da cama, e ela adormece de barriga para o ar. Se lhe toco, é logo uma gritaria, dizendo que sou uma águia voando sobre ela e debicando-a com o bico e arranhando-a com as garras. Estão-me a ver de águia, voando neste quarto, por cima daquela cama? É de riso. Ou seria, se não fosse de lágrimas. Um pobre homem como eu, igual aos outros, sem diferença nenhuma, pelo menos quando dispo estas roupas absurdas que ela me obriga a vestir. Tenho os meus negócios, uma posição sólida, um império imenso que conquistei e consolidei, milhares de ministros e de servidores, uma multidão de escravos, frotas, etc., etc., e, sem dúvida, um palácio em Bizâncio. *(ri amargamente)* Que triste palhaçada, Nossa Senhora me valha. Ainda hoje, conversando com o patriarca, foi depois do espisódio do aspirador, e discutindo com ele a defesa da igualdade das Três Pessoas da Santíssima Trindade... *(cai de joelhos)* Pai Nosso que estais nos céus, só Tu podes valer-me nesta aflição terrível... *(levanta-se e sacode com dignidade as vestimentas)* Todas as noites, infalivelmente, eu caio assim de joelhos... *(sorri)* Deve ser efeito do cansaço... de conversar com o patriarca, um chato medonho, ou de lavar a louça de um palácio inteiro. Que esta casa não é grande, meia dúzia de compartimentos. Mas suja-se aqui muita louça, oh! muitíssima louça. *(aproxima-se do leito, contempla Teodora adormecida)* Como esta mulher era bela... Não há recanto do seu corpo de que eu não guarde a mais ardente memória... Tudo nela era, Deus me perdoe, divino. Tudo. Bem merecia ser uma imperatriz. E foi, a verdade é que foi. E que ainda é a imperatriz do meu coração, o único lugar do meu corpo em que ela impera. Porque tenho por ela uma repugnância instintiva... Querem saber porquê? Se eu hoje lhe tocar, gritará do mesmo modo de sempre... sou uma águia, essa história. E, depois, se se rende aos meus argumentos persuasivos, porque ainda tenho esses argumentos em meu poder, entrega-se-me murmurando, entre os dentes cerrados, que sou flexível como um vime e um caniço, que são a mesma coisa, e dirá que o meu corpo é de bronze e que brilha sem um pêlo, como uma estátua de Apolo. Nunca fui Apolo, e é público e notório que sou extremamente peludo. É triste e é insuportável. E o pior é que, ao mesmo tempo, chorará pedindo que a largue, e que conserte o aspirador do pó, porque detesta os homens, o cheiro dos homens, os olhares dos homens, etc., etc. Quem a ouvisse havia de julgar que nunca gostou de homens, ou que eu não fui capaz de fazê-la gostar. Muito humilhante. Mesmo a sós com uma pobre criatura irresponsável, muitíssimo humilhante. *(dá a volta à cama, senta-se na borda, e começa a descalçar-se)* Estes calos são uma maldição. *(apalpa os pés)* Já fiz não sei quantas novenas a Santa Eudóxia, que é minha bisavó ou trisavó, com banhos quentes, e não há maneira de melhorar disto. É mais doloroso que comandar exércitos e impérios, garanto. *(levanta-se e começa a despir-se)* Estou tão cansado, que nem tomo banho hoje. *(tira um pijama de sob o travesseiro)* Claro que não me mudou o pijama. E de que serve tomar banho, para vestir um pijama sujo? Só de entrar ali dentro, *(aponta de cabeça para a direita)* e cheirar a banheira suja do banho que ela tomou com essas porcarias que julga leite de burra, dá-me volta ao estômago. Mas que remédio tenho... Não posso assim despir-me diante de toda a gente... *(desaparece pela direita e logo volta de pijama)* Ainda hoje o Belisário me dizia... *(aproxima-se da cama)* Lá adormeceu em cima da roupa. *(dá a volta e senta-se na borda da cama)* Todas as noites é isto, adormece em cima da roupa, só para acordar quando eu puxar o lençol...

(ouve-se dentro um tumulto de vozes, depois trombetas, mais trombetas, um clamor que prossegue em crescendo mesmo depois de as cortinas se afastarem para dar entrada a um cortejo de altos dignitários bizantinos rebrilhantes)

ARAUTO

Salvé César Augusto Basileus Justiniano, Senhor de Roma e de Bizâncio, Protector da Cristandade...

TEODORA

(subitamente de pé sobre a cama, com um ar triunfante)
Vês, Justiniano, Juju, Jujuzinho, és ou não és o imperador?

(Justiniano, de pé, agora, com ar contrafeito, recebe as homenagens da corte. Do outro lado entra um jovem muito belo, vestido apenas com um calção justo, com um aspirador eléctrico nas mãos)

O JOVEM

Minha Senhora... aqui está o aspirador...

TEODORA

(descendo do leito e enroscando-se nele, acariciando-o, enquanto ele larga o aspirador) Eu sabia que tu voltavas, eu sabia, desarranjar o aspirador dá sempre resultado...

JUSTINIANO

Há séculos que, do alto deste trono, *(sobe para cima da cama)* os imperadores regem o mundo. Cumpre-nos dar graças a Deus... *(interrompe-se, perscrutando a turba)* Onde está o patriarca? O patriarca?

(todos se entreolham perplexos, verificando que o patriarca não se encontra entre eles)

JUSTINIANO

Tragam-me o patriarca! Ainda hoje, depois do caso do aspirador, eu lhe dizia... *(a cena escurece gradualmente)* que não posso permitir que ele pretenda imiscuir-se nos meus negócios domésticos. Que esse homem não esqueça que eu fui quem o fez o que ele é, que o fui buscar, monge analfabeto e porco, que varria a porta do convento...

70

UM CORTESÃO

Basileus, é por isso. O patriarca não suporta ver aspiradores de pó... *(gargalhada geral já em trevas)*

(a luz regressa, difusa e vaga. Justiniano está sentado na borda da cama. Do outro lado, Teodora tem o jovem no colo e diz:)

TEODORA

Pousa isso no chão, meu querido. Não é com essa máquina mas com os teus lábios que quero que me aspires... Tu és jovem, tu és belo, tu és tudo o que ele foi... Não penses que vou ser tua amante... Não penses que tu vais ter-me... É só a ele que eu amo. Eu não envelheci, o meu amor não envelhece. Ele fez-me imperatriz do mundo, e é a ele, como ele era nesse tempo, como eu o via, como eu o sonhava fechando os olhos, que eu vou dar-me. Tu és a sua juventude eterna. Beija-me, beija-me, aperta-me nos teus braços fortes, Juju...

JUSTINIANO

(voltando-se e observando o abraço em que os dois tombam) Juju... E esta, hein?

(os coros, as trombetas, e os clamores estalam com enorme força, enquanto os projectores iluminam só o Historiador, novamente no meio do proscénio)

HISTORIADOR

Teodora e Justiniano, imperadores do Oriente, figuras gloriosas da História da Europa, representantes da última grandeza romana que o mundo conheceu, terão saído dos seus mosaicos seculares, para, por momentos, viverem nos vossos espíritos. Não é possível, numa simples prelecção, evocar toda a complexidade, todas as implicações, toda a realidade de um mundo afastado de nós por tantos séculos, por tantas incompreensões e tantos equívocos. A divisão da cristandade em ocidental e oriental conduziu a que um abismo se cavasse entre eles e nós, afastando-os para um Oriente que não era deles, e deixando-nos num Ocidente que lhes devia tudo. Espero que as minhas palavras tenham contribuído, na medida do possível, para que um entendimento se estabeleça, para que a luz se faça, e para que o Império do Oriente volte a brilhar daquele esplendor que foi o seu e que os historiadores, nestas últimas décadas, têm procurado reconstituir.

(de cada lado do palco entra um homem vestido de centurião romano; ladeiam o Historiador)

1.º CENTURIÃO

V. Excelência terminou? *(troca olhares com o 2.º centurião)*

HISTORIADOR

Estou quase a terminar.

1.º CENTURIÃO

E V. Ex.ª está autorizada a proferir este curso de conferências públicas?

HISTORIADOR

Autorizado? Mas desde quando um homem como eu, doutor em História Bizantina, precisa de autorização para falar dela?

2.º CENTURIÃO

Desde que foi proibido promover reuniões subversivas, em que seja discutida publicamente a vida íntima dos imperadores. Essa vida íntima, e a lei é muito clara, só é permitida em reportagens de revistas populares, que ao mesmo tempo mostrem como os grandes do mundo são iguais aos outros homens e mulheres, e como certa licença é apanágio deles e faz parte da grandeza que os povos devem respeitar.

1.º CENTURIÃO

(exibindo um papel) Está preso.

HISTORIADOR

Preso?! Protesto contra a arbitrariedade, em nome da liberdade de cátedra, em nome da liberdade de reunião, em nome... *(os centuriões agarram-no e tapam-lhe a boca)*

1.º CENTURIÃO

(dirigindo-se ao público) Os senhores aí queiram evacuar a sala em boa ordem e em silêncio, obedecendo às ordens da autoridade. E preparem os seus papéis, para serem identificados devidamente à saída. Esta reunião está suspensa.

HISTORIADOR

(desenvencilhando-se, e com um tom de voz suplicante e humilde) Apelo para os presentes que testemunhem que eu não falei da vida íntima de Suas Majestades, que me referi a elas com o máximo respeito que me merecem as figuras augustas que tive ocasião de mostrar, sublinhando o carácter hierático, da mais extrema dignidade...

1.º CENTURIÃO

Cale-se! O senhor não está autorizado a abrir mais a boca.

HISTORIADOR

Mas eu não tenho culpa do que se passou na cabeça de cada um.

UMA VOZ NA PLATEIA

Mas afinal por ordem de quem é interrompida esta sessão cultural?

2.º CENTURIÃO

Por ordem de Suas Majestades Imperiais, os imperadores Justiniano e Teodora.

(saem arrastando o Historiador)

1.º CENTURIÃO

(no momento em que vai a desaparecer, larga o Historiador que sai com o outro, e volta ao proscénio, agacha-se, e entra em conciliábulo, em voz baixa com um espectador da primeira fila; levanta-se, e dirige-se ao público) Demétrios de Siracusa!

DEMÉTRIOS

(emergindo da sala, é o jovem do aspirador, revestido agora de uma túnica branca) Presente!

1.º CENTURIÃO

Podem sair todos em boa ordem, sem se identificarem. Demétrios, venha comigo.

VOZES NA PLATEIA

Mas porquê? Que é isto? Quem é este homem? (etc., etc.).

1.º CENTURIÃO

(enquanto Demétrios sobe para o palco) Não sou obrigado a revelar segredos de Estado. *(vai a sair com Demétrios, que o segue cabisbaixo)*

DEMÉTRIOS

(de súbito tentando escapar-se ao centurião que o agarra e arrasta) É uma harpia, uma hiena, um vampiro... Quem me mandou saber de aspiradores de pó?... Eu não aguento mais... Quero que me deixem em paz...

(o pano abre. No trono imperial, Justiniano e Teodora, rodeados da sua corte. Os centuriões entram com o Historiador e com Demétrios)

JUSTINIANO

Segundo ouvi, este jovem quer que o deixem em paz. Pois vou dar-lhe a paz que reclama. Carrasco! *(da massa de gente emerge o carrasco clássico das gravuras)* Prepara esse homem. *(murmúrio da corte)* Que seja castrado. *(Demétrios, levado pelo hercúleo carrasco, grita e urra)* Quanto a esse homem aí, que lhe cortem a língua e lhe arranquem os olhos. *(o Historiador é levado em lágrimas e soluços)* A Majestade imperial tem poder para elevar-se acima de todas as vicissitudes terrenas. *(a Teodora, que permaneceu impassível)* Estás satisfeita, meu amor? *(Teodora sorri-lhe)* Está tudo em ordem?

TEODORA

Está, meu senhor. Desde hoje é proibido em Bizâncio o uso de aspiradores de pó.

JUSTINIANO

(reparando num jovem que está junto do assento de Teodora, e dirigindo-se disfarçadamente à imperatriz) Esse quem é? Não o conheço.

TEODORA

Como não? É o Basílio, o chefe dos vassouras de Santa Sofia, que o patriarca me emprestou.

(levantam-se os imperadores e, de mão dada, descem do trono. As trombetas soam, irrompem aclamações, ouvem-se os coros)

(CAI O PANO)

Araraquara, 25-26 de Março de 1964

O BANQUETE DE DIÓNISOS

PERSONAGENS

A SENHORA BEM VESTIDA
O SENHOR CONSPÍCUO
A JOVEM
O JOVEM
O LANCEIRO
DIÓNISOS

O palco sem qualquer adereço de cena, tela de fundo ou pano de boca. Apenas, ao iniciar-se a acção, se acenderão as luzes nele, obscuro antes. Imediatamente após acesas as luzes, entra, ao som violento de uma música de percussão e metais (e guitarras eléctricas), o cortejo frenético de Diónisos, que dançará e uivará inteiramente ad libitum, *sem qualquer marcação de* ballet *organizado. Homens e mulheres, tão jovens e atraentes quanto possível, e tão nus ou de sugerida nudez quanto possível. A música suspender-se-á abruptamente, depois de ter durado o suficiente para ensurdecer e pôr a audiência num estado de perplexidade e algum contágio simpático e, no mesmo instante, toda esta figuração (que deve ter cabelos longos) cairá no chão, onde ficará imóvel. Um tempo de absoluto silêncio, durante o qual as luzes vão baixando até uma quase completa obscuridade. A mesma música que se ouviu começará, com igual intensidade, tocada de trás para diante. Ao contrário do que seria de esperar, nem os figurantes se movem, nem outro qualquer grupo entra, durante alguns longos momentos, até que os figurantes, sem se levantarem, começarão a estorcer-se e a arrastar-se pelo tablado rastejadamente, e soltam ruídos abafados como soluços ou grunhidos de angústia e de dor. A música pára de súbito, sem que eles parem ou se calem. De repente, a música é substituída por uma obra coral-sinfónica (o final da Segunda Sinfonia de Mahler, por exemplo), e é a entrada com reabrir violento das luzes, do segundo cortejo — senhoras de meia-idade muito bem vestidas, senhores conspicuamente vestidos e engravatados, com chapéu de aba revirada — em silêncio, mas com um frenesi igual ao primeiro cortejo que continua a rastejar e a grunhir doridamente. O segundo cortejo, no seu frenesi, tropeça constantemente nos outros, os figurantes caem, levantam-se, até que o primeiro grupo de figurantes se levanta, uivando como a princípio, e a confusão é total (ao levantar-se o primeiro grupo, a primeira música deve reaparecer, sem que a segunda pare: as duas sobrepôr- -se-ão), sobretudo porque o segundo grupo se agarra avidamente ao primeiro, sem distinção de sexos. As luzes vão baixando, e, quando a obscuridade é quase completa, a música (as duas sobrepostas) cala-se subitamente. Então poderosos focos da sala iluminarão a entrada, ao som de uma marcha militar estrondosa, de uma formação de lanceiros fardados à séculos XIX, com penachos, dragonas, alamares, resplandecentíssimos, mas montados em cavalos de cintura (os cavalos fingidos em que as pernas dos cavaleiros são falsas, pendendo a um lado e outro). Enquanto os dois grupos de figurantes se separam precipitadamente a um lado e outro, os lanceiros farão elegantes evoluções de cortesia cujas fases de mais alta escola farão o grupo dos conspícuos soltar gritinhos e «Ohs!» de admiração babada. As luzes apagam-se, para acender-se logo: haverá em cena, alinhados no proscénio, apenas um senhor conspícuo, uma senhora bem vestida, um lanceiro, uma jovem e um jovem. A senhora bem vestida não se retém, durante o que logo vai seguir-se, de constantemente apalpar as ancas e mexer no rabo do «cavalo», que a sacode pudicamente com movimentos graciosos... O senhor conspícuo todo o tempo se preocupará com escovar-se, ajeitar a gravata e o colarinho, o cabelo, etc. O jovem e a jovem acariciar-se-ão desvergonhadamente.*

OS CINCO

Minhas senhoras e meus senhores! Acabais de assistir ao insopitável pirricácio, prr... prrró... pprri... prró...

A SENHORA BEM VESTIDA

Alma minha gentil que te partiste...

OS CINCO

Aalma, balma, calma, dalma, ealma, falma, galma, halma, ialma, jalma, lalma, malma, nalma, oalma, palma... *(etc.)*

O SENHOR CONSPÍCUO

Tão cedo desta vida descontente...

OS CINCO

Bente, cente, dente, eente, fente, gente, hente, iente, jente, lente, mente *(etc. até 'tente')*

A JOVEM

Repousa lá no céu eternamente...

OS CINCO

Bousa, cousa *(etc. até 'pousa')*

O JOVEM

E viva eu cá na terra sempre triste.

OS CINCO

Biste, ciste, diste, eiste *(etc. até 'tiste')*

O LANCEIRO

Se lá no assento etéreo... éreo... éreo... *(não consegue continuar)*

(a música é, repentinamente, o «Danúbio Azul» em grande orquestra, que os cinco dançam dois a dois em todas as combinações possíveis e depois de roda, mãos dadas. Enquanto assim dançam de roda, pessoal de cena traz um banco de jardim, uma árvore, uma sebe. Quando o arranjo está pronto, as luzes apenas iluminam esse pequeno conjunto

81

e com uma doce luminosidade outonal. Os cinco correm a sentar-se como crianças jogando a quem fica «no ar» e, é claro, o lanceiro não consegue sentar-se e fica a pavonear-se, cabisbaixo, diante do banco onde os outros se apertam pela seguinte ordem: senhor conspícuo, o jovem, a jovem, senhora conspícua. A música extingue-se)

O SENHOR CONSPÍCUO

(como quem corteja receoso da reação, e de que alguém veja, dirige-se ao jovem) A marquesa saiu às cinco horas...

O JOVEM

(estendendo-se voluptuosamente) Quanto? *(o senhor conspícuo sai precipitadamente)*

A SENHORA BEM VESTIDA

(pousando-lhe uma mão na perna, por sobre a jovem) Cinquenta *(e, com uma carícia:)* e mais, conforme o serviço.

O JOVEM

(inclinando-se para a observar grosseiramente) É pouco *(a senhora sai precipitadamente, esquecendo-se da malinha que a jovem inspecciona cuidadosamente, despejando-lhe o conteúdo heteróclito e ridículo. O jovem, ainda na mesma posição, e sem olhar a jovem, pergunta:)* Quanto?

A JOVEM

(com olhadelas de viés para ele) Nada, ela não trazia o dinheiro aqui.

O JOVEM

E tu, quanto é que tens?

A JOVEM

Nada... *(levanta-se e espreguiça-se como que a exibir-se)*

O JOVEM

É pouco. *(e levanta-se repentinamente e grita:)* Um cavalo! O meu reino por um cavalo! *(a jovem sai precipitadamente, enquanto o lanceiro se aproxima)*

O LANCEIRO

(como no final de um conto célebre) Aqui estou...

(os dois, ajudados por dois aderecistas que entram para o efeito, tiram o cavalo ao lanceiro. Os dois aderecistas levam o cavalo. Após um silêncio enleado, em que o lanceiro ficou em ceroulas de fitas, com patas de cavalo)

O JOVEM

Então?

O LANCEIRO

Vai, mísero cavalo lazarento... *(e agacha-se, a quatro patas, e o jovem monta-o, incitando-o:)*

O JOVEM

Arre burro... arre burro... *(o pessoal de cena entra e leva o banco, etc., e a luz apropriada é substituída por uma intensa luz vertical que ilumina o grupo em movimento)*

O LANCEIRO

(parando e recusando-se a continuar, apesar dos incitamentos do outro) Agora tu...

83

O JOVEM

(hesita um longo momento, desmonta, põe-se de gatas resignadamente) Quanto?

O LANCEIRO

(numa grande gargalhada) Quanto? Um cavalo não aparece todos os dias. *(e monta-o, e pica-o com a lança que apanhou do chão; o jovem vai andando pelo palco, o outro a picá-lo)*

(uma música piegas e toda em melacrínicos violinos ouve--se suavemente. Entra pessoal de cena, com um candeeiro de pé, duas poltronas, e com eles o senhor conspícuo e a senhora bem vestida que logo se sentam à luz do condeeiro, ele a ler o jornal, ela a tricotar)

O SENHOR CONSPÍCUO

Guerra... viagem à Lua... Será que espetam lá uma bandeira como faziam no Pólo Norte?

A SENHORA BEM VESTIDA

(sem parar o tricô) Sul.

O SENHOR CONSPÍCUO

(sem pousar o jornal) Norte.

A SENHORA BEM VESTIDA

(pousando o tricô e iracunda) Sul! Já disse!

O SENHOR CONSPÍCUO

(pousando o jornal) Norte! Já disse!

A SENHORA BEM VESTIDA

(olhando o outro par) Que estão aqueles a fazer? Que é aquilo! Que horror!

O SENHOR CONSPÍCUO

Não desconverses!

A SENHORA BEM VESTIDA

Não desconverses tu! Olha pr'àquilo!

O SENHOR CONSPÍCUO

Sul... *(olhando)* Realmente é incrível! *(levanta-se, começa a andar ao lado deles, toca-lhes nos ombros)* Meninos, meninos, que é isso?

A SENHORA BEM VESTIDA

(tricotando) O melhor é chamar a polícia.

O SENHOR CONSPÍCUO

Qual polícia qual nada. *(os outros caem ambos no chão, exaustos)* Estão estendidos os dois. Até parecem mortos.

A SENHORA BEM VESTIDA

(tricotando) Mais uma razão para chamar a polícia. Sai daí. Não fiques ao pé deles.

O SENHOR CONSPÍCUO

Não sei o que hei-de fazer.

A SENHORA BEM VESTIDA

(pousa o tricô e sai, volta com uma lata de bolachas, enquanto o senhor bem vestido se agacha ora ao pé de um, ora ao pé de outro, mas sem lhes tocar. A senhora senta-se

com a lata no colo. O senhor bem vestido cobre a cara de cada um com uma folha de jornal e vem sentar-se na sua poltrona) Que é que tu fizeste?

O SENHOR CONSPÍCUO

Cobri-lhes os formosos rostos. Protegi das moscas os formosos rostos... *(suspira)*

A SENHORA BEM VESTIDA

Onde é que tu viste uma mosca cá em casa, desde que eu uso o Quilhinsecto, garantido para três horas consecutivas, que eu conto religiosamente, a ponto de não ir a *matinées* com duas fitas?

O SENHOR CONSPÍCUO

Será que estão mortos?

A SENHORA BEM VESTIDA

Quem? *(afaga a lata)*

O SENHOR CONSPÍCUO

Aqueles dois.

A SENHORA BEM VESTIDA

Quem? O Tejo e o Douro? Tu estás doido? *(chama como quem chama cães)* Venham cá, meus lindos... Aqui, aqui já... Tejo... Douro... Aqui... *(os outros dois vêm de gatas e aco- cham-se ao pé dela, que lhes afaga as cabeças e lhes vai dando, partindo-as primeiro em pedaços ao tirá-las da lata, bolachas que eles comem latindo de satisfação)*

O SENHOR CONSPÍCUO

Por causa desses dois é que esta casa está cheia de pulgas.

A SENHORA BEM VESTIDA

(falando para os «cães» que continua a afagar e a alimentar de pedaços de bolachas, levantando a mão de que eles, latindo, agarram os pedaços) Pulgas... Ele diz que vocês têm pulgas... Mas não têm, pois não? Aquilo são pulgas que ele traz para casa, apanhadas nos eléctricos... E depois que lhes dou banhinho todos os dias com o sabão Pulgífugo, recomendado pelos mais célebres veterinários... Pulgas tinha a bisavó dele, não é, meus lindos?

O JOVEM E O LANCEIRO

(afirmativamente) Ão... ão... ão...

O SENHOR CONSPÍCUO

Essa é de mais! Tu nem chegaste a conhecer a minha avó! Como podes dizer uma coisa dessas?

A SENHORA BEM VESTIDA

Por isso mesmo. *(continua a afagar os «cães» que lhe pousaram a cabeça no regaço)*

O SENHOR CONSPÍCUO

Sabes que mais? Acho que vou dar uma volta.

A SENHORA BEM VESTIDA

(afagando os «cães») Vai pelo caminho mais curto e volta pelo mais comprido.

O SENHOR CONSPÍCUO

(ajeitando o jaquetão) Cabra.

A SENHORA BEM VESTIDA

(mesmo jogo) Se eu sou cabra, tu és bode.

(ficam subitamente paralisados todos. Uma música só de percussões desesperadas começa a ouvir-se, e os três grupos do início, sem frenesi nem ruído, começam a encher o palco e a comprimir-se silenciosamente, em torno dos quatro, que escondem completamente, enquanto a luz do candeeiro se apaga. Ouvem-se, em uníssono, quatro gritos terríveis que se prolongam e terminam estrangulados. Obscuridade e silêncio totais por momentos. Depois uma vaga claridade aparece, à medida que, do fundo do palco agora todo roçagantes e plenos panejamentos vermelhos, emerge uma figura como divindade olímpica, resplandecente, coroada de louros e de pâmpanos, empunhando o tirso. Chega ao proscénio e diz, não no tom que se esperaria, mas no de quem lê inexpressivamente uma notícia de jornal)

DIÓNISOS

Joaquina Pinácea da Costa, Adozinda Pinácea da Costa, Sinfrónia da Costa Mendes e mais família, cumprem o doloroso dever de anunciar o falecimento de Luís de Vasconcelos Pinácea da Costa e de Maria das Mercês Pinácea da Costa, seus muito queridos irmão e cunhada, e que o préstito fúnebre sairá da capela do Necrotério, às 14 horas de amanhã, para o Cemitério do Alto de São João. *(muda de tom)* Podem crer que foi um acidente. Quem tem cães não pode deixar a porta aberta, sobretudo se os alimenta a bolachas... Os dois cães, coitados, tiveram a mesma sorte. O que sucedeu...

O JOVEM

(entrando e aproximando-se desavergonhadamente do deus) Quanto? *(o deus olha-o perplexo)* Estás admirado? Não conheces aquela anedota do gajo que ia num compartimento do comboio, quando entrou num túnel? *(os dois entreolham-se maliciosamente e ao público, e desatam a rir. A música de percussão recomeça em crescendo. O grupo dos jovens entra aos uivos em dança frenética, trazendo as lanças dos lanceiros e nelas pedaços das senhoras bem vestidas e dos*

senhores conspícuos, o jovem junta-se-lhes, o deus permanece imóvel no centro do palco, resplandecente) Eh! Diónisos, e agora?

TODOS

(suspendendo os uivos) Eh! Diónisos, e agora?

DIÓNISOS

(resplandecente e apontando para a plateia) Essa canalha.

(o grupo, enquanto a música se torna ensurdecedora, atira-se aos gritos para a plateia. As luzes apagam-se. Salve-se quem puder)

Madison, Junho de 1969.

EPIMETEU, OU O HOMEM QUE PENSAVA DEPOIS

PERSONAGENS

EPIMETEU
CHEFE
SECRETÁRIO
VOZ DO COMPUTADOR
ZEUS
HERMES
ARES
AFRODITE
ARTEMIS
NEPTUNO
O ANJO DE EPIMETEU
ANJOS, *vários*
SATANÁS
DEMÓNIO
DIABOS
CORO

O palco, ou a cena, estará preparado como um vasto teatro de arena, no centro do qual é o quarto de Epimeteu. As outras cenas aparecerão em torno dele, em diversos planos, que se iluminarão quando essas personagens intervêm; mas, a partir de cada primeira intervenção, deve sentir-se, na sombra, a presença daquela numerosa hierarquia que domina o centro que é Epimeteu. Quando a peça começa, as luzes acendem-se sobre um pequeno quarto apenas indicado: um catre, uma mesa, uma cadeira, uma janela, uma porta. Mas as luzes devem ser muito fracas: deve ser como se Epimeteu, ao entrar, acendesse uma lâmpada nua suspensa do tecto. E o resto do palco estará na obscuridade. Do fundo dessa obscuridade emerge um vulto imponente, de ampla túnica e manto majestoso e sombrio. Uma luz que cresce até ser fortíssima iluminar-lhe-á o rosto e só o rosto. O actor avança até ao proscénio e prepara-se para falar em tom que se adivinha grandiloquente. Mas, nesse momento, a suposta porta do quartinho abre-se, Epimeteu entra, acende a luz, fecha a porta e fica no meio do quarto, silencioso e imóvel, numa atitude entre cabisbaixa e revoltadamente altiva. Quando essa luz se acende, quase se apaga a que ilumina o rosto do Coro, mas este conserva-se onde está, apenas com um sorriso nitidamente irónico. Epimeteu é um jovem pobremente vestido (camisola, alpargatas, «blue-jeans»), de cabelos soltos e crescidos. Pensativo, começa a despir-se, atirando lentamente com as peças para o chão, até ficar completamente nu. Onde isto não seja possível, deverá ter uma malha cor de carne, que dê

*a ilusão de completa nudez, ou a sugestão dela. Coçar-se-á,
espreguiçar-se-á. etc., como quem está habituado a um à-von-
tade de solidão, ou de total desinibição, se acaso não estivesse
só. Atira-se para cima da cama, onde fica como quem sonha
acordado. A luz no rosto do Coro volta, intensíssima. E a
sua fala será pontuada por percussões e uivos electrónicos.*

CORO

> Esta é a tragédia
> de Epimeteu.
> Sabem acaso
> quem ele era?
> Teve um irmão
> bem conhecido
> que se chamava...
> hum... Prometeu.
> Lembram por certo
> a sua história:
> como roubou
> fogo celeste,
> contra a vontade
> do grande Zeus,
> e o deu aos homens,
> e como o deus
> o castigou,
> tendo-o amarrado
> com uma grilheta
> de diamante,
> para que uma águia,
> ave de Zeus,
> viesse roer-lhe
> o fígado. *(pausa)*
> Epimeteu
> teve uma esposa
> bem conhecida:
> era Pandora,
> que o deus mandou

para castigo
da Humanidade,
com uma jarra
cheia de males,
que Epimeteu
ela tentou
a querer ver. *(pausa)*
Esta é a tragédia
de Epimeteu.
Nem Prometeu
nem a Pandora
aqui vereis.
Quer um, quer outro,
não nos importam
pessoalmente
nos tempos de hoje.
Se Prometeu
sofre do fígado
é que o vendeu
aos donos do mundo
e fabrica napalm
e bombas limpas e sujas,
satélites, computadores,
foguetes, aparelhos de escuta,
controles supersónicos, electrónicos,
gases hilariantes e lacrimogéneos,
vapores anti-guerrilha para a paz das ruas,
raios que vos distraem de pensar demasiado,
e bombas, bombas, bombas, bombas, bombas, bombas,
e viagens à Lua de que vos babais pensando oh! oh!
como a Humanidade é grande, é rica, é poderosa... bestas!

*(a estridência e os ruídos do acompanhamento musical
foram crescendo, e afogam por completo as últimas palavras
que ele diz gritadas, à medida que a luz no rosto dele se
apaga. Acende-se repentinamente, à direita, uma cena da Sala
de Controle — computadores fantásticos, com luzinhas correndo, e estalidos altamente científicos. Várias figuras, todas
vagas e cinzentas, circulam diante deles, de quem recebem*

cartões e folhas que correm a entregar ao chefe, sentado a uma imensa secretária de plástico transparente. O Secretário examina os papéis por cima do ombro dele)

CHEFE

Não, assim não quero. É uma fala excessivamente indignada, e menciona demasiadas coisas concretas. Não há vantagem em falar dos controles. Mas que ideia! De quem foi a ideia?

SECRETÁRIO

(falando a um microfone sobre a mesa) Não há vantagem em falar dos controles. De quem foi a ideia?

VOZ DO COMPUTADOR

(pastosa, vibrante e vaidosa) Minha, X-47-CS-5000 AG. A vantagem de falar dos controles está em habituar as pessoas à ideia de que eles existem e são omnipotentes, omniscientes.

CHEFE

Realmente ele é capaz de ter razão. Repitam o final, para eu ver melhor. Este computador é inteligente.

(ouve-se, em reprodução electrónica, todo o final da fala do Coro que se conserva impassível no seu lugar)

CHEFE

É, não está mal. Continuem.

(a luz apaga-se na sala, e reacende-se no rosto do Coro; e a música recomeça no mesmo ponto violento e ensurdecedor em que se suspendera)

CORO

(gritando, e a voz torna-se cada vez mais coloquial e normal, à medida que a música decresce de intensidade ao longo da fala)

Prometeu, como sabem, é o que prevê,
calcula, prefigura, planifica.
É o que este nome quer dizer. O irmão,
esse era inteiramente o seu contrário:
aquele que só sabe quando vive,
e que vivendo nunca sabe ao certo.
Epimeteu: o que só pensa após.

(a luz apaga-se no rosto do Coro, e torna-se mais intensa no quarto de Epimeteu. Este move-se na cama, como num sonho erótico. Depois desperta lentamente, senta-se na beira da cama, estremunhado. A seguir vai à janela e olha para fora. Acende-se, a meia altura, à esquerda, o Olimpo, com os deuses reunidos, esplendorosos de capacetes, armaduras, mantos. Os deuses debruçam-se a espreitar)

ZEUS

Que está ele a fazer?

HERMES

A olhar para nós.

ARES

Idiota.

AFRODITE

Não. Ainda há pouco sonhava comigo.

ARTEMIS

Mas agora é à minha luz que ele contempla.

NEPTUNO

Será, mas o que ele vê são as minhas ondas, os meus reflexos, a...

ARES

Não há mar algum diante da janela dele.

ZEUS

Quem senão ele pode ver o mar onde não haja mar nenhum? *(sorrindo incestuosamente para Afrodite)* Ou possuir qualquer Afrodite só em sonhos? Sempre contei com ele... Mas quem me havia de dizer que Prometeu faria fortuna?

HERMES

Fortuna, não. Pagam-lhe se souber servir utilmente, um altíssimo ordenado. Mas não é ele quem manda. Essa gente soube organizar-se bem, tão bem, que deixaram de precisar de nós.

(Epimeteu vem da janela até à mesa, a que se senta, pensativo e desesperado. Em frente do quarto, a observá-lo, aparece, muito luminoso, um anjo de grandes asas, túnica flutuante e com ademanes de efeminado travestido. A luz dos deuses apaga-se, e o Anjo corre para o centro e sobe a um outro lugar — o Céu — em que vários outros anjos o vêem chegar)

UM DOS ANJOS

Lá vem esse maricas.

OUTRO DOS ANJOS

Meu caro, tanto se discutiu do sexo que teríamos ou não teríamos, que o resultado aí está.

98

ANJO

(afogueado) Ai, filhos, estou derreado! Esse Epimeteu dá cabo de mim. Nunca se sabe o que quer, nunca percebe o que vai acontecer, isto não é vida para um anjo como eu. E o que ele pensava agora, que horror. Só de me vir à boca, todo me arrepio, credo.

UM OUTRO ANJO

E o que é que ele pensava que você não saiba?

ANJO

Ordinário! Isso é conversa de anjos? *(pausa picante)* Ai, eram só sexos e uma data de gente a fazer coisas feias o que ele tinha na cabeça.

UM DOS ANJOS

Por isso te demoraste tanto.

ANJO

(ofendido e desagradável) Quando se vive no meio de uns chatos como vocês, não se podem perder as ocasiões. *(chora)* Um anjo frustrado como eu, tão amorável, tão bonito, a tomar conta de um porco daqueles. *(histérico)* Porco, porco, um porco sujo é o que ele é.

(à esquerda, mais ou menos no nível do quarto de Epimeteu acende-se o Inferno. Vários demónios servis em volta de Satanás, grandes chifres, caprípede, longa cauda, uma grande cabeça de diabo de língua obscenamente pendente está no lugar do sexo)

SATANÁS

(cantando) Na nossa vida de Inferno
há sempre um anjo que chama
nomes reles quando passa:
porco sujo era a avó dele.

CORO DOS DIABOS

Porco sujo era a avó dele.

SATANÁS

A raiva toda que ele tem
é não ter com quê nem quem,
como nós desde caídos.
Porco sujo era a avó dele.

CORO DOS DIABOS

Porco sujo era a avó dele.

SATANÁS

Mas eu vi-o atrás da casa
No escuro ardia uma brasa.
Qual de vós é que lá estava?
Porco sujo era a avó dele.

CORO DOS DIABOS

Porco sujo era a avó dele.

(acabam em grandes gargalhadas. Satanás olha em torno de si, e um Demónio adianta-se)

DEMÓNIO

Oh foi só uma satisfaçãozinha apressada. E um anjo, como V. Excia sempre diz, é um manjar celeste...

(os outros riem, Satanás fá-los calar com um olhar; o Demónio fica aflitíssimo, tão aflito que os chifres se lhe acendem e apagam)

DEMÓNIO

Eu só estava a ver o que é que Epimeteu pensava, como Vossa Excelência me havia determinado. Foi tudo na cabeça dele.

100

SATANÁS

E quem foi que disse o contrário, seu cavalo?

DEMÓNIO

Eu peço desculpa, peço humildemente desculpa, mas permita-me V. Excia uma observaçãozinha... Eu nunca faço de cavalo. Quando saio de animal, sou sempre a mula sem cabeça.

(ao som da música do estrilho do coro, os outros diabos dançam em volta dele, cantando) É a mula sem cabeça. *(a um gesto de Satanás, param)*

SATANÁS

Peça o perdão conveniente.

(o Demónio ajoelha, contrito, diante dele, e beija-lhe a supracitada língua pendente. O Inferno apaga-se em gargalhadas de Satanás e dos outros demónios. A luz acende-se no rosto do Coro)

CORO

O que ele faça ou que não faça,
O que ele pensa ou que não pensa,
O que ele sonha ou que não sonha,
O que diga ou que não diga,
A todos importa muito.
Anjos, demónios e deuses,
mais os chefes deste mundo,
longos anos não cuidaram
que Epimeteu existia.
Não era perigo nenhum.
Prometeu era um perigo,

mas era tudo que eles eram,
fazia quanto faziam,
pensava como eles pensavam,
sonhava como sonhavam,
dizia o que eles diziam.
E tudo quanto eles queriam
Prometeu lhes inventava:
era a força e o poder
que aos homens todos tentava,
era o sonho de saber
que ao mundo todo pensava,
era a fúria de prender
aquilo que se criava.
Epimeteu só vivia,
só vivia e só sofria,
perguntava e não fazia,
não era parte do mundo.
Se alguma vez se lembrasse
de seu irmão Prometeu,
era tão fácil matá-lo,
co'as armas de Prometeu!
Houve muitos que morreram,
e muitos que se mataram,
para que os senhores do mundo...

*(Epimeteu levanta-se, e a sua fala encadeia na do Coro,
que silencia. Enquanto ele fala, vão-se acendendo e apagando
o Céu e o Inferno, conforme vai sendo indicado)*

EPIMETEU

Tão longamente suportei que a vida
seja dos outros sempre que é vivida!
Tão longamente sonho que não vivo,
quando só de viver estou cativo!
Tão longamente os outros a mim vivem,
que sempre a vida que me vive é de outrem,
na descoberta de ter dado aos outros
quanto de vida a cada instante gasto!

102

Vivendo vivo, e vivo o que não sei
senão depois, vivendo o que não dei!
(pausa; acende-se e apaga-se o Inferno)
Só quanto amei, que amei então conheço;
o que desejo em desejado esqueço;
o que possuo em fúria que não há,
descubro que possuí quando não está
retido e possuído nos meus braços;
e a vida que ninguém como eu viveu,
com tanta força, sempre se perdeu
neste dos outros me viverem tudo,
porque de vida o meu pensar é mudo,
e só sei que vivi depois que a vida
em mim passou de ardência consumida.
(pausa; acende-se e apaga-se o Céu)
E se ela passa mesmo que eu não viva,
como posso segui-la fugitiva?

(acende-se o Olimpo. Os deuses ouvem, atentos e risonhos)

AFRODITE

Sempre este homem me fascinou. Um homem desesperado
porque nunca sabe se viveu, depois de ter vivido com uma
intensidade que os outros, que calcularam primeiro, não
podem ter. Quem lhe dissesse que sabe dela como ninguém!
(suspira)

ARTEMIS

É triste, não é verdade, que um homem tão fascinante
para as mulheres ou deusas sem castidade *(fita Afrodite numa
pausa intencional)* não saiba que o seu fascínio e o seu êxito
estão precisamente no que ele julga que não possui, porque
possui sem pensar senão em possuir, e não sabe que possui...

ZEUS

Triste? Que sentido tem isso para nós? Quando foi que os
meus deuses se humanizaram a ponto de falarem coisas dessas?

AFRODITE

Grande Zeus, tu que conheces o amor, como o não conhecem deusas que fizeram voto de pálida castidade... *(pausa intencional)* explica à nossa irmã...

HERMES

Ouçam...

(Epimeteu, que ficara estático e suspenso da interrupção, recomeça)

EPIMETEU

Que humanidade é a minha? Será que um dia será a de toda a gente? Ou só de alguns, muito poucos, que nascem para viverem tudo sem terem vivido nada, enquanto todos os outros não vivem nada tendo vivido tudo?

(acende-se o Céu suficiente para se verem os Anjos à espreita, enquanto, subrepticiamente, o Anjo que guarda Epimeteu aparece ao lado deste)

EPIMETEU

Tudo na vida eu vivi para só saber que o tinha vivido quando nada podia já ser calculado para esgotar-se até ao último momento, ao último prazer!

ANJO

(segredando) Pois não sabes que dos pobres de espírito é o reino dos Céus? *(segredando mais, enquanto olha em volta)* E mais, que é um grande segredo, o da Terra também... Epimeteu... Epimeteu... tu és um pobre de espírito... *(pousa a mão num afago que Epimeteu sente, sem que veja o invisível Anjo, e Epimeteu reage numa sensualidade inconsciente. O Anjo retira a mão)* Credo... nem sei que me deu... tentações que

aquela sombra desavergonhada me pegou... Ouve... Sou o teu Anjo da Guarda... *(suspira)* Um Anjo muito incompetente... muito pouco anjo... Mas ele há cada anjo mais reles... E, sabes, e é outro segredo, não faz diferença nenhuma... *(os Anjos no Céu trocam murmúrios escandalizados ao longo desta fala, e agora falam)*

UM DOS ANJOS

É preciso demitir esse sujeito! Isto é uma vergonha! Um perigo! Ouviram o que ele está a dizer?

OUTRO DOS ANJOS

Epimeteu não ouve... Mas na verdade isto não pode continuar. E viram como ele pousou a mão?

UM TERCEIRO ANJO

Não ouve? Nunca se soube ao certo se eles ouvem a gente ou não... O que vale é que eles também não sabem... *(apaga--se o Céu, desvanece-se o Anjo)*

EPIMETEU

(num desespero erótico, atirando-se sobre a cama) Senti como uma carícia que não era carícia, que era como se a vida me segredasse que estava a meu lado... Toda esta força que me crispa, que está por todo o meu corpo, que me queima as ideias... *(torce-se e acende-se o Inferno)*

SATANÁS

Aonde está esse asno desse Demónio? *(burburinho entre os diabos)* Que compareça imediatamente! *(o Demónio aparece, trémulo, com os chifres a acender e a apagar)* Vá para lá imediatamente, sua besta, e de mulher! *(grandes gargalhadas dos outros demónios que dançam e cantam em torno do Demónio que vestem e caracterizam de mulher, uma jovem de longos cabelos, como se fosse uma «hippy» de longa túnica).*

CORO DOS DEMÓNIOS

Vais-te à boda, vais-te à boda!
E ele vai comer-te toda!

(solo) Saltarás na cama dele
subirás por ele acima,
não deixarás por beijar
nem rabo da tua prima.

(coro) Vais-te à boda vais-te à boda!
E ele vai comer-te toda!

(solo) Quanto ele queira que tu faças
hás-de tu fazer primeiro.
E mais e mais, que ele não pensa,
até gastar-se o tinteiro.

(coro) Vais-te à boda! Vais-te à boda!
E ele vai comer-te toda!

SATANÁS

(berrando) Ponha-se a andar, seu cavalo, que já está atrasado!

DEMÓNIO

(humilde mas insistente) Quando eu saio de animal......

SATANÁS

Você nunca sai de animal, você *é* um animal!

CORO DOS DEMÓNIOS

(empurrando o outro a quem puxam pelas tranças e pelo vestido)

Quando saio de animal,
sou a mula sem cabeça!

106

(em grandes gargalhadas deles, apaga-se o Inferno, e o Demónio aparece ao lado da cama de Epimeteu, e senta-se na borda, pousando a mão no corpo dele que salta como que queimado)

EPIMETEU

Como entraste aqui? Quem és tu?

DEMÓNIO

(personificando o papel) Que importa quem eu sou? Se soubesses quem sou, lembrar-te-ias de mim? Toda eu ardo de desejo... A minha mão queimou-te... Toda eu te queimarei... Os meus lábios *(debruça-se para ele)*... O meu corpo *(cavalga-o)*... Eu toda... Não imaginas o que eu posso fazer contigo, o que podes fazer comigo... Tudo o que quiseres... Tudo... E mais... até se gastar o... *(engasga-se)* O que eu ia dizer...

EPIMETEU

(afastando-o) Até quê?

DEMÓNIO

(afagando-o) Até que o sono tranquilo da mais completa, mais profunda, mais feliz exaustão penetre o teu corpo desfeito... *(a luz apaga-se no quarto de Epimeteu, mas ouvir-se-ão ruídos e arquejos sugestivos)*

ANJO

(aparecendo subitamente ao pé do quarto, e só uma vaga luz o ilumina) Bem que eu sentia... E é ele, o patife... Mas a mim não me engana ele, não... Epimeteu... *(faz que entra no quarto e a luz apaga-se; os ruídos, porém, continuam)*

EPIMETEU

(aparecendo iluminado à frente do quarto obscuro onde movimentos se adivinham, e ruídos se ouvem sempre)

107

Como aparição, ou gesto, ou sopro,
ou breve toque que na pele esfria
de mais ardor o fogo que me queima,
a tive nos meus braços, sobre mim,
e os lábios me beijavam prometendo
tão longa língua como nunca vi...

(acende-se subitamente o Olimpo, interrompendo-o)

AFRODITE

Grande Zeus... permite-me que eu desça, ou desço sem
que tu permitas...

ZEUS

(sorrindo) Não, Afrodite, não... Não és tu quem está des-
tinada a descer... *(os deuses entreolham-se)* Artemis... *(Artemis estremece, os outros deuses manifestam pasmo)* Chegou
o tempo em que a tua virgindade acaba... Vai... A tua luz
perderá o mistério, os teus seios mostrar-se-ão de desertas cinzas,
mas uma nova raça de deuses nascerá de ti...

NEPTUNO

(sacudindo, irado, o tridente) Deuses? Deuses? Ou semi-
-deuses?

ZEUS

Ou semi-deuses... Tanto faz.

*(entretanto Artemis, como sonâmbula, separa-se do grupo.
O Olimpo apaga-se e uma luz lívida e lunar ilumina Epimeteu, ao lado do qual Artemis surge)*

ARTEMIS

Epimeteu... aqui me tens... eu sou aquela que sempre
esperou por ti... Que existiu para ser possuída por quem não
sabe nunca que possui, porque possui sem pensar que possui...

EPIMETEU

(*voltando-se, espantado, mas abraçando-a e beijando-a*)
Como és pálida, como és fria, como a tua boca tem um sabor
de cinza... Ah como sempre foi contigo que eu sonhei, como
foi por ti que eu esperei, e procurei nos sonhos e nas ruas...

ARTEMIS

E nas águas, Epimeteu, nas águas...

(*acende-se subitamente a Sala do Controle. Os computadores vomitam cartões, movimentam-se luzes. Grande agitação dos ajudantes. O Secretário apresenta solenemente uma braçada de cartões ao Chefe*)

SECRETÁRIO

Tudo está pronto. Pode começar-se a contagem.

VOZ DO COMPUTADOR

X-47-CS-5000 AG. Pode começar-se a contagem. Dez...
(*tudo e todos ficam na expectativa*)... Nove... Oito... Sete...
Seis... Cinco... Quatro... Três... (*começam a acender-se o Céu,
o Inferno, o Olimpo, aonde todos estão suspensos e inquietos*)... Dois... (*Epimeteu e Artemis abraçam-se com sôfrega
angústia*)... (*ouve-se um grande estrondo, dardejantes luzes
parece fazerem vacilar a cena*)

ARTEMIS

Sinto que alguém se aproxima de mim... Abraça-me com
força... Depressa. (*duas figuras de astronautas precipitam-se
sobre ela, num dardejar de luzes, e como que a assaltam para
violá-la, um grande coro de gritos parte do Olimpo, do Céu,
e do Inferno. Epimeteu luta, é atirado ao chão, os astronautas
arrastam a deusa e levam-na para a Sala de Controle, aonde
são recebidos com grandes aclamações. O Chefe felicita-os,*

*toca-se hino, agitam-se bandeirinhas, etc. O Olimpo, o Céu e
o Inferno apagam-se, não antes de se ver os habitantes a agi-
tarem-se como em agonia ao som do final do «Crepúsculo
dos Deuses». Além da iluminação na Sala do Controle, uma
luz, que continua lívida, ilumina Epimeteu abatido no chão)*

ARTEMIS

Epimeteu, Epimeteu, socorro!

CHEFE

Calem-na! *(Artemis desaparece entre uma massa de gente
que a esmaga)*

VOZ DO COMPUTADOR

Tudo se passou com a maior precisão. A deusa está em
nosso poder, violada, e continuará a ser violada por todos os
nossos peritos, até que dela não reste nem memória. Os deuses acabaram, os demónios acabaram, os anjos acabaram...
Eu sou o senhor do mundo! Eu sou o senhor do mundo!
(etc.)

CHEFE

Desliguem-no! Desliguem-no! Está doido!

*(correrias ante os computadores, grande movimento das
luzinhas, até que o computador deixa, num arrastar ridículo,
de repetir a sua última frase)*

SECRETÁRIO

(solícito) Está desligado.

CHEFE

(despertando como de um sonho) Desligado? Quem está
desligado?

SECRETÁRIO

O X-47-CS-5000-AG.

CHEFE

E agora?

SECRETÁRIO

Agora?

CHEFE

Como é que a gente controla tudo, diga lá, sua besta, seu cavalo? *(a um gesto dele, ligam novamente o computador)*

VOZ DO COMPUTADOR

(cantando) Quando saio de animal, sou a mula sem cabeça.

CHEFE

(dominando a perplexidade geral) A cifra. Decifrem isso já! Não quero ninguém à solta! *(as luzes apagam-se gradualmente)*

EPIMETEU

(levantando-se a custo) Estou só e não estou só... Eu sou quem sou...

(acende-se a claridade no quarto dele, aonde se vêem o Anjo e o Demónio disfarçado, enrodilhados na camã, dormindo o seu delírio amoroso)

ANJO

(despertando, e olhando com irónica ternura o Demónio) Quem havia de dizer... É de encher as medidas... E que fogo, que fogo... *(afaga-o)*

DEMÓNIO

(despertando, e pagando-lhe em ternura irónica o olhar) Quem me havia de dizer que eras para mais que... *(o Anjo, num ademane, tapa-lhe a boca, e senta-se na borda da cama, pensativo, deitando-lhe olhares de esguelha, até que desata a rir, a rir)* Que é que tu tens? Que mosca te mordeu? *(procura puxá-lo para a cama outra vez)*

ANJO

(entre gargalhadas) Sacrifiquei-me para salvar Epimeteu da tentação, ganhei uma noite que valeu mil anos *(faz-lhe uma festinha amaneirada)...* E sabes o que aconteceu? Já viste?

DEMÓNIO

(sentando-se num súbito susto, e olhando para todos os lados) Sim... *(num terror)* Acabou-se tudo... Acabou-se tudo... *(levanta-se numa alegria espontânea e dança e canta)* Sou a mula sem cabeça, sou a mula sem cabeça... *(o Anjo junta-se- -lhe e ambos cantam e dançam os dois versos, até caírem cansados na cama outra vez, lado a lado)*

ANJO

Sabes? Estamos livres, livres, livres... *(fica pensativo)*

DEMÓNIO

(levantando-se sobre um cotovelo) E de que vamos viver?

ANJO

Pois é... *(salta da cama)* E onde está ele?

(ambos fitam Epimeteu, imóvel, e aproximam-se dele, imensamente ridículos e descompostos, um meio-desasado, o outro com a cabeleira à banda, um de cada lado)

112

ANJO

Epimeteu... Eu era o teu anjo da guarda *(risinho)*... e já não sou...

DEMÓNIO

E eu devia tentar-te... (riso) Mas não perdi o meu tempo... *(o Anjo e ele trocam olhares maliciosos)*

ANJO

Agora, não temos ninguém nem nada no mundo senão tu... Epimeteu... Que vamos fazer?

EPIMETEU

(ficando como que em êxtase, sob uma luz que os recorta intensamente) Podíamos matar a Sharon Tate...

(escuridão instantânea, seguida dos uivos electrónicos ensurdecedores)

Santa Bárbara, Fevereiro de 1971

II

APÊNDICE

UMA INTRODUÇÃO

Não ignorava eu, em 1978, ao assumir a responsabilidade da publicação integral da obra de Jorge de Sena, que muitos e fundos problemas teria de confrontar: a dificuldade da própria publicação de uma obra tão grande e tão diversificada sem apoios oficiais, mais do que de circunstância, concedidos às editoras e não ao espólio; a separação e agrupamento dos textos, ou de uma ou outra dificuldade de leitura dos manuscritos; e, sobretudo, a adopção do critério que presidisse a essa publicação: publicar tudo, ou seleccionar os textos deixando de fora o incompleto, o que fosse apenas projecto, independentemente da sua extensão e desenvolvimento; e tudo aquilo que pudesse ser considerado juvenilia. Como é sabido e amplamente provado optei pela publicação integral. E, apesar dos meus iniciais receios e hesitações e de algumas opiniões que em contrário opinavam, a verdade é que tenho recebido um amplo apoio, sobretudo daqueles que mais respeito intelectualmente.

Prosseguindo, pois, no critério adoptado, pareceu-me que, fazendo-se a reedição de *Amparo de Mãe e mais 5 peças em 1 acto*, tinha chegado o momento de apresentar, como curiosidadde ou motivo de estudo, ou até, quem sabe? ponto de partida para algum dramaturgo, todas as tentativas de

117

escrita para teatro que de Jorge de Sena acaso restassem inéditas. Quanto mais não seja, estas tentativas acrescentarão a
opinião daqueles que pensam que escrever para o palco (com
ele ou sem ele) foi um dos grandes impulsos de Jorge de
Sena, e que esse desejo de criação, substanciado ao longo de
praticamente toda a vida, pode ser verificado. Não impedirá
este facto que se mantenha a opinião contrária de outros que
entendem ter sido o teatro um interesse limitado e circunscrito
a certa época da sua vida: aquela em que teria esperança, e
bem legítima ela afinal seria, de o ver representado. Quanto
à qualidade ou incipiência das peças e projectos aqui acres-
centados, sendo a obra de Jorge de Sena uma inextrincável
rede de intertextualidade (de que um começo de peça aqui
publicado é claro exemplo), eles servirão para esclarecer, ou...
complicar ainda mais.

Acerca do título dado a esta publicação... Por volta de
1950 pensava Jorge de Sena que, tendo já três peças de teatro
prontas e três ou quatro projectadas, poderia ir pensando em
reuni-las num volume. E, no entusiasmo com que tudo sempre fazia, antecipou logo um título que anunciou em *Pedra
Filosofal — Mater Imperialis*. Mas, a possibilidade de tal
publicação foi-se afastando e nunca mais sequer o anunciou.
Não sei claramente a razão de o não ter usado, em 1974,
quando reuniu finalmente as peças em 1 acto, visto que esteve
como hipótese num plano manuscrito que guardou. É prová-
vel que o tivesse guardado para uma publicação mais ampla
ou que, como vagamente recordo, o decidira transferir para
título de um dos romances (o terceiro) do ciclo *Monte Cativo*.
Acontece que, precisamente, uma das minhas preocupações
tem sido a de não criar, para as obras que vou organizando,
títulos do meu alvedrio e antes, sempre que possível, o de
usar os que Jorge de Sena mesmo determinara, ou haviam
sido anunciados ao longo de anos, norma que só em dois ou
três casos me não foi possível seguir, em mais de duas dúzias
de livros que já fiz publicar. Portanto, e uma vez mais, o
título existia — usei-o.

Na exposição que se segue, em que tentarei estabelecer
um plano da criação dramática de Jorge de Sena, não incluo
O Indesejado (António, Rei) que, começado em Dezembro de

118

1944, ocupou totalmente e concentradamente o espírito do Autor por todo o ano seguinte, não falando já das absorventes revisões a que em 1946 procedeu, independentemente da extensão reduzida dessas revisões. O que haveria a dizer dela, di-lo o Autor, de resto, no Post-fácio da 1.ª edição aqui colocada como prefácio.

E não entro aqui em conta, embora constitua actividade dramática, com as adaptações que Jorge de Sena fez e António Pedro montou, para um largo programa comercial da rádio, de 13 obras de ficção que sob a rubrica «Romance policial» foram radiodifundidos, no Rádio Clube Português, entre Junho e Setembro de 1948, semanalmente. Como se depreende da rubrica, todas as obras adaptadas eram romances ou contos policiais e Jorge de Sena, como ocasional voz participante, aparecia com o ressuscitado pseudónimo de Teles de Abreu. As obras e respectivos autores eram: G. K. Chesterton *(A loucura do marquês)*, Ellery Queen *(O mistério do gato morto)*, Guy de Maupassant *(A mão)*, Edgar Allan Pöe *(A carta roubada)*, O. Henry *(O relatório municipal)*, Margery Allingham *(A linha divisória)*, W. W. Jacobs *(A pata do macaco)*, Dashiel Hammet *(Demasiados têm vivido)*, Conan Doyle *(Um esboço a vermelho)*, William Mac Harg *(Eram muitos inimigos)*, Agatha Christie *(Um sinal no céu)*, Carter Dickson *(O outro carrasco)*, Dorothy Sayers *(A caverna de Ali-Baba)*. Regressemos, pois, à colectânea aqui organizada.

A primeira tentativa teatral aparece (tanto quanto pode ser verificado) a Jorge de Sena, praticamente ao mesmo tempo que as tentativas de ficção, um ano depois de ter começado o registo da sua criação poética. De facto, se o primeiro conto registado, «Paraíso perdido», é datado de 7/9/37 e sabemos que foi revisto, após o hiato da sua vida que foi a viagem de treino de cadete de Marinha de Guerra, em 16/4/38, «Caím», o segundo conto de um projecto que intitulara *Génesis*, é datado de 28/4/38, e «acabado de rever» em 4/5/38. Dois dias depois iniciava outro projecto de uma série de contos, *Clarões*, cujo primeiro conto, «Secção» é datado de 7/5/38. E em seguida aparece a primeira tentativa teatral, agora publicada: *Luto*, «comédia em um acto»,

119

«esboçada» em 23/5/38 e «terminada» em 25/5/38 (*Obras*, Vol. 2.º, pág. 24-41)([1]).

A segunda tentativa dramática não passou de duas falas de um prólogo, em 1940, sem data nem título, e que veio, dois anos depois, a ser um poema (v. Apêndice). Mas, em Março de 1942, surge assinalado em *Obras*, Vol. 12.º, pág. 25: «Principiei *Origem*». Estando esta nota a seguir a um poema, «Iconoclastia», de 7/3/42 (*Visão perpétua*, Lisboa, 1982, 2.ª ed., 1989) concluir-se-á que a data será a mesma ou dias seguintes, uma vez que a data do outro poema em que está intercalado é de 11/3/42 («Jornal» — *40 anos de servidão*, Lisboa, 1979, 2.ª ed., 1982, 3.ª ed., 1989).

Origem perdurou, como projecto em curso, durante alguns anos, como se pode verificar em mais do que uma referência. De uma primeira versão existe um caderninho nitidamente correspondendo já a uma primeira passagem a limpo, e completado com folhas arrancadas de um caderno de rascunho e que deverá corresponder ao mais que Jorge de Sena não teve tempo de re-escrever na altura. Esta peça, agora numa transcrição mais cuidada e alterada e com o título de *Origem ou A 4.ª pessoa*, aparece noutro caderno escolar que é, sem qualquer dúvida, de Outubro/Novembro de 1944, como veremos. A transcrição revista ocupa as quinze primeiras páginas do caderno e foi claramente interrompida abruptamente. Seguem-se algumas páginas em branco após as quais há um poema começado e abandonado: «De sempre vieste, meu amor, sem nunca / teres cumprido... / ou...», poema a que não voltou, embora o clima dele encaixe nas circunstâncias daqueles dias do Porto, a seguir a que há uma indicação do que seriam «Casos e tipos para *Monte Cativo*» (o projectado romance e título geral do ciclo de que apenas chegou a escrever *Sinais de Fogo*) em que fala de um «bêbado», que lhe serviu de ponto de partida para um poema que foi escrito a 28 de Outubro desse ano (incluído, com outro da mesma

---

([1]) Para mais pormenorização sobre estas obras juvenis ver as introduções a *Post-Scriptum-II*, 1.º tomo, Lisboa 1985, e a *Génesis*, Lisboa 1983, reed. 1986.

data, na 2.ª edição de *Visão Perpétua*([1])) após o que há umas equações. Na última página do caderno há uma «Carta aberta a Ribeiro Couto na qual, a propósito do *Dia Longo*, se aborda o problema do português de modo a servir de escarmento aos filólogos provincianos» — ora *Dia Longo*, publicado nesse ano, tem dedicatória de Ribeiro Couto com data de «Out. 1944» e fora recebido, no Porto, no dia 26/10/44, data em que Jorge de Sena de tal informa José Blanc de Portugal. Aquela «carta» era começo de artigo, destinado a *Litoral*, e não chegou a ser escrito, precisamente porque nessa altura estava a fazer os últimos exames que lhe faltavam para completar o curso de Engenharia Civil, regressando definitivamente a Lisboa para uma alteração mais da sua vida, já de si muito difícil.

A verdade é que a peça, *Origem*, continuaria a ocupar-lhe o espírito pois que, em 11/5/48, ainda escreve a Alberto de Serpa dizendo pensar «voltar a essa peça parcialmente iniciada em tempos tripeiros», no que estaria talvez a pensar na versão de 44, quando a retomara, ainda que a data da primeira versão coincida também com «tempos tripeiros». Aqui se publicam as duas versões, uma vez que as alterações me parecem importantes de observar e seria complicado dá-las em notação, no texto. Haverá que notar que esta peça lhe vinha agora, sempre no sistema de recorrência que caracterizou a sua criação, na sequência de duas outras peças escritas nesse mesmo ano: *Amparo de mãe* que, datada de «Janeiro de 1948», na 1.ª ed., foi terminada a 28 desse mês e que fora lida a Casais Monteiro, em sua casa, em 16/2/48 (facto que assinala, em carta para mim, no dia seguinte); e, no dia 30 desse mesmo mês escreve «de um jacto uma pecinha em um acto», segundo me relata dois dias depois, em carta de 1/2/48, peça que, a 17 desse mês, me esclarece ter sido *Ulisseia Adúltera*. E, a 26 de Fevereiro, em carta para Alberto de Serpa, anuncia: «Mas já me pula mais uma peça num acto para juntar às outras, esta passada entre o povo, povinho» —

([1]) Para mais implicações deste «tipo» ver a introdução a *Sinais de Fogo*, 3.ª ed., Lisboa, 1985 e seguintes.

esta peça terá sido *O arcanjo e as abóboras*, que não chegou a passar de pouco mais que projecto e aqui também se inclui.

Em 23/9/57, estando na Inglaterra e após ter lido do terrível naufrágio, dizia-me em carta: «Abalou-me profundamente o desastre do *Pamir*, navio-escola alemão, que posso compreender e sentir profundamente como poucas pessoas neste mundo. Se eu fizesse daquilo uma tremenda peça de teatro, uma tragédia com coros e tudo? Passada a acção com alemães, ou sei lá quem algures, não haveria impedimentos desagradáveis quanto a outras pessoas — e creio que seria ou poderia ser o grande tema da minha vida. Como e quando poderia eu lançar-me ao trabalho? Se calhar nunca.» — Num caderninho de apontamentos que então usava anotou: «*Pamir* — 3.10 da manhã 'Lost all sails. Mast broken down. Listing 45 degrees. Danger of sinking'».

E, em 1959, tendo entretanto publicado *O Indesejado*, que era parte de uma trilogia jamais completada, volta a pensar em termos de teatro para satirizar as circunstâncias de um abortado golpe de Estado em que participara. O título glosava a peça que nessa noite fora ver para fazer crítica e... despistar as desconfianças, no Liceu Francês Charles Lepierre: *Bajazet*, de Racine, transformada em *Bajazeto e a revolução*. Foi essa crítica publicada na *Gazeta Musical e de Todas as Artes* (n.º 97, Abril de 1959) e está incluída em *Do Teatro em Portugal*, Lisboa, 1989.

Após esta tentativa de teatro escrita às vésperas da partida para o Brasil, em Agosto, ou pouco depois de lá se instalar, surge uma «opereta dramática», *A demolição*, que também não passou de esquema e é de 26/3/64, num surto que produziu *A morte do Papa* e *O Império do Oriente* (25-26/3/64), surto que se interrompeu com a deslocação familiar para os Estados Unidos, como o anterior se interrompera com idêntica deslocação para o Brasil. Mas terá também contribuído para a interrupção o trabalho insano que foi produzir duas teses de doutoramento num espaço de pouco mais de um ano e a irrupção de *Sinais de Fogo* que, ainda por cima, coincidiu com a revisão de provas de *Uma Canção de Camões* (que fora a primeira tese, de um doutoramento que se não realizou, na Universidade de Belo Horizonte), sem esquecer o

122

golpe militar brasileiro que nos ameaçava constantemente e nos roubava a tranquilidade mínima de espírito.

Novo surto dramático surgiu em 1969-71, em que Jorge de Sena escreve *O Império do Oriente* (26-29/3/69), *O Banquete de Diónisos* (Junho de 1969) e que se completa com *Epimeteu, ou o homem que pensava depois*, em Fevereiro de 1971. E já que tenho assinalado algumas efemérides, haverá que dizer que entre as duas primeiras peças, escritas após o seu primeiro regresso à Europa, depois de quase dez anos de exílio e a terceira, se operou uma mudança de Estado e de Universidade, americanamente falando: da Universidade do Wisconsin, em Madison, para a Universidade da Califórnia, em Santa Bárbara.

Todos estes textos, se éditos, seguem a edição original, apenas corrigidos de gralhas tipográficas e com alguma alteração que o Autor tenha feito no seu pessoal exemplar. Se inéditos, estão rigorosamente transcritos, respeitando mesmo algum mínimo desacerto. Também todos estes textos, incluindo os reeditados, têm nota bibliográfica. Quanto a ajustes ortográficos, fiz apenas aqueles que a Jorge de Sena eram expressamente toleráveis.

Resta-me fazer alguns agradecimentos: a Alberto de Serpa e Família, que num gesto de generosidade que não tem agradecimento possível, fez regressar às minhas mãos, não só alguns manuscritos de poesia como o original de *Amparo de mãe*, que tudo Jorge de Sena oferecera a esse excelente Amigo, e por vezes com dedicatória; a Alberto Martins, sempre pronto a intervir; e a Maria Eugénia Vasques, que me ajudou a decifrar dificuldades de leitura, do mesmo passo que acompanhou, com atenta eficiência e amizade, esta publicação.

Santa Bárbara, 27 de Janeiro e 26 de Novembro de 1989.

Mécia de Sena

LUTO

Comédia em 1 acto

PERSONAGENS

LENA
CARDO, *seu marido;*
CLARA, *sua amiga*
uma criada.

É uma sala relativamente luxuosa, absolutamente exuberante. Ao fundo há um fogão de aquecimento, voltado para ele um sofá. Há mais sofás, maples, mesas, telefone, móveis modernos, etc.

A tarde está a chegar enquanto o pano abre para a

CENA I

Lena *(só)*

LENA

(vestida de preto e inclinada sobre o sofá de assento invisível e mexendo-se como quem estrangula alguém) Coitadinho... *(continua inclinada)* quero andar de preto... *(endireita--se e olha)* coitadinho... *(pega num lenço e senta-se numa cadeira)* meu amor *(soluça)* Ai... *(levanta-se e pega num jornal que está sobre uma mesa e dobrado na necrologia)* querido amor... *(senta-se e olha um retrato do jornal enquanto mantem o lenço numa das mãos)* este retrato já não é novo... *(suspira)* ainda ontem tão bom, tão querido *(soluça)* e assim de repente pouco depois de estar comigo... *(suspira de novo)* às 10 horas... *(suspira)* fui a última.

(retine uma campainha. Lena atira o jornal para longe e limpa os olhos. Levanta-se. Tudo muito rápido. Entra Cardo)

CENA II

Cardo e Lena

CARDO

(entrando) Viva, como estás?! *(repara nela)* Ah! *(intencional)* De luto e lacrimosa... *(não a beija como ia a fazer na velocidade da chegada)* Morreu-te alguém, algum amigo não é verdade? *(senta-se e principia a fumar: ela fica em pé diante dele olhando-o e vai a abrir a boca mas sente-se preocupada)* Mas tu és assim susceptível de pesar? *(fita-a ironicamente)*

LENA

Não morreu «um» amigo; mas morreu-me alguém — foi o Poli. Estimava-o, estou de preto. De resto eu visto o que quiser... Não posso andar de luto quando me apetece?

CARDO

Mas sem dúvida. E onde está esse pobre animalzinho?

LENA

(apontando o sofá da cena anterior) Ali...

CARDO

(que se levantou e extraiu do assento invisível o cadáver dum cãozinho) Coitado... E morreu assim nos teus braços? *(ri)* Parece que acabou muito aflito... Talvez estrangulado... Mas que ideia a minha... Mas não achas também? *(larga o animal)*

LENA

(sentando-se falsamente indiferente) Nem por isso...

CARDO

Em todo o caso é interessante ter morrido hoje logo a seguir... *(pega no jornal)*

LENA

A seguir a quê?

CARDO

Oh nada. Era um raciocínio fraco. Que coincidência o jornal ao pé do Poli... Tu lês o jornal com atenção não? Isso dá-te agora muitas vezes? E que lês? Os ecos da sociedade? Ah não *(olhando o jornal)* Que soturna!... Lês a necrologia... *(pousa o diário)*

(encaminha-se para ela que o olha desconfiada) Então se leste hoje a necrologia sabes que morreu o «nosso» Santos, não é verdade?

LENA

Sei.

CARDO

E o Poli morreu e tu vestiste de luto. Tudo em sequência. Está muito certo.

LENA

(agressiva) Estás graciosíssimo hoje. *(levanta-se e passeia enquanto ele se senta nas costas do sofá)* Mas, meu caro, nunca me tentei a esgrimir palavras contigo. Não te conhecia habilidade para duelos literários. Isso é novo?

CARDO

(irónico) Não. Velhíssimo. Mas é natural que não notasses. Nunca me aprofundaste muito.

LENA

Julguei que não tinhas fundo...

129

CARDO

Tenho e muito bom. *(arreliador)* Com quem passeaste hoje?

LENA

Isso nunca te interessou. De resto hoje não passeei.

CARDO

O desgosto...

LENA

Tu hoje és uma alusão viva. *(está aflita e procura gracejar)* Se gastas hoje o teu espírito como escreves a crónica de amanhã?

CARDO

Não escrevo. Vou retirar-me por uns tempos...

LENA

Ainda bem. E para onde vamos repousar?

CARDO

Vamos não. Eu vou. Tu não sei. Ficas triste? Não arranjas companhia?

LENA

(indignada) Ridículo! Acaba com a comédia.

CARDO

(risonho) Com a comédia não acabo porque me estou a divertir sinceramente.

LENA

À minha custa!

CARDO

Querida! Não me interrompas. E se pensas em ciúmes...
É coisa que não tenho nem tive nunca. *(ri)* Ou por outra, tive
uma vez mas quem os provocou já morreu...

LENA

(aflitíssima, pára) O quê?

CARDO

Não te preocupes... Refiro-me ao Poli.

LENA

Essa é demais. Adeus. *(vai a sair; ele interpõe-se)* Queres
continuar a divertir-te?

CARDO

Precisamente; antes de entrar em assuntos sérios.

(estão frente a frente lutando ambos)

LENA

(sarcástica) Tu és capaz de falar em assuntos sérios?

CARDO

(trocista) Contigo não sei porque nunca te tomei a sério
mas vou tentar... *(ela olha-o fixamente)* Senta-te minha querida, ouves mais comodamente. *(ela senta-se)* Tu enganavas-
-me com o Santos.

131

LENA

(esboça uma palavra mas diz só) Ah...

CARDO

Por outra, julgavas que me enganavas porque eu sabia tudo. Desde o teu passeio à mata que eu sabia. Mas o que tu não sabias nem ele até ontem é que eu vos pagava na mesma moeda... *(ri)* Eu enganava-o com a mulher, ele ontem descobriu quis vir tirar-me satisfações, ela não o deixou sair, tiveram uma cena medonha, ele era cardíaco (não sabias?) e morreu. Eu deixo-te...

LENA

(caindo a chorar depois de ter estado em grande exaltação interrompe-o) Como és miserável...

CARDO

(depois de encolher os ombros) Eu deixo-te para casar com ela.

LENA

(endireitando-se) Tudo isso é infame! *(numa última defesa)* Queres deixar-me e arquitectas isso.

CARDO

Mas negas, és capaz de negar? *(ri)* Diz sim ou não.

(ela senta-se sem dizer nada)

CARDO

E eu tenho provas de tudo. Dele e dos outros. Conheço todos os meus companheiros.

132

(ela em pé procura segurá-lo e vai dizendo: É falso. É mentira. Covarde, Infame, *etc.)*

CARDO

(tirando do bolso envelopes volumosos) O Santos... *(lê outra)...* O Toni *(lê outra)...* O Vasco Abreu... *(lê outra)...* o Luís Saraiva...

LENA

(no auge do paroxismo) Esse não! *(depois fica imóvel, aflita por se ter traído)*

CARDO

(satisfeitíssimo) Ah negando este, confessas os outros! Bom talvez este, lá sabes... e mais: o Barata (que brilho!) e aqueles três amigos inseparáveis do Estoril. Como vês... Vais...

LENA

(interrompendo-o violenta) Se sabias p'ra que te calavas? Nunca te procurei ferir. Fui sempre para ti a tua mulher...

CARDO

(interrompendo-a por sua vez) Para mim e para eles...

LENA

Nunca deixei de te amar... *(mais baixo)* Eles eram secundários. *(senta-se e chora baixo)*

CARDO

(pensando) Eu sabia e calei-me... Porquê? Sei lá. Gostava de ti? Talvez. É verdade que tive curiosidade de ter provas...

Foi um capricho. Eles eram secundários disseste tu. Elas para mim tambem eram. Mas a morte do Santos modificou-me. Em quê? Não sei. Tive vontade de te atirar tudo isto *(atira as cartas)* e de te deixar... Não sei se gosto dela. mas quero deixar-te Lena. Fui feliz muito tempo na quietude em que nos habituámos. Mas agora quero ir-me embora... *(levanta-se da cadeira em que se encostou ao começar a falar)* Podia ter-te deixado sem dizer nada. Mas quis que tu visses que eu sabia, que eu te conhecia... *(vai a sair)*

LENA

Cardo! Cardo! *(chora mais alto)*

CARDO

(tentando gracejar) Não chores. Lágrimas em pleno amor é lindo... em pleno ciúme é sublime... numa explicação vulgar é de mau gosto... Adeus. *(sai)*

(ela que se levantou quando ele saía esboça um gesto para o seguir, depois fica quieta um momento. Em seguida dirige-se à janela, abre-a e olha por ela para ele; mete-se para dentro, esquece-se de a fechar e fica a chorar em pé.
Tocam à campainha e ela deixa-se ficar como está)

CENA III

Lena e Clara

LENA

(com os olhos no lenço e sentindo entrar alguém) Perdoa-me Cardo.

CLARA

(entrando) Sou eu! Mas que é isto? Estás a chorar? Eu bem adivinhava! Encontrei o Ricardo ali na esquina em

baixo. Ia tão agitado... Que houve? Conta-me... Que escuro! *(acende a luz)*

LENA

(que teve uma decepção imensa senta-se desanimada) Perdi tudo; *(olha-a e num jacto)* O Santos e eu...

CLARA

(sentando-se e mostrando-se ao facto fingindo escarnecer) Qual Santos? E ele descobriu? Não é razão. Ele nunca se importou com a tua vida íntima... E disto muitos sabiam...

LENA

(num sopro mas reunindo forças) Não me deixaste acabar... Ele foi-se embora. Percebes? Vai casar com a mulher dele.

CLARA

Essa agora? E o Santos?

LENA

(a custo) O Santos morreu ontem à noite...

CLARA

(levantando-e e abraçando-a) Coitada... Onde soubeste?

LENA

No jornal. Como vês perdi tudo... *(mais alto)* E hoje matei o Poli para poder andar de luto...

CLARA

Tu fizeste isso?

LENA

Fiz. Queria pôr luto pelo José, compreendes? *(pausa em que Clara sofre luta interior)*

CLARA

(ri de maldade, olha-a de esguelha) Olha minha filha, tu tens um grande desgosto e bem sei que isso te pesa imenso. Mas vou-te dizer uma coisa que te há-de fazer bem. O teu José Santos não te amava. Não o chores. Chora só o pobre Poli.

LENA

Oh Clara!? *(chora mas começa a observá-la)*

CLARA

Sim. Há muito tempo que te queria dizer. Tu nunca me tinhas falado nele mas mesmo assim dizia-te. Ele andou a arrastar a asa à viúva do Soares enquanto tu estiveste com o Ricardo em Paris. Foi ela que me disse indignada.

LENA

(chorando desgostosíssima) Oh meu Deus! Não pode ser! Não pode.

CLARA

Não te devia ter dito... Ora! Foi melhor assim...

LENA

Não pode ser!

CLARA

Oh filha, não vais pedir-me uma declaração com tabelião e tudo.

136

LENA

(mudando limpando os olhos) Sinto-me abatida, abatida só. Eu não o amava... só simpatizava com ele.

CLARA

Não penses mais nisso. Já está no outro mundo. É um assunto arrumado. Agora o teu marido...

LENA

(angustiada) Não o amei nunca também... mas era uma coisa minha, percebes? *(num grito)* Era um hábito: Oh meu Deus *(pausa)* Em que é que «ela» é superior a mim?

CLARA

Oh filha, em nada. Mas em que é que nós somos superiores umas às outras para o teu marido? Apeteceu-lhe aquela agora como lhe tem apetecido outras. E quis ter sobre ela o mesmo direito legal que teve sobre ti *(pausa)* Tu casaste por casar, não foi?

LENA

Não. *Para* casar. Conhecemo-nos num turbilhão... Mas passou...

CLARA

(tenteando) Tu precisas enterrar tudo. Precisas duma amizade funda, que te faça nascer o coração, que te faça amar verdadeiramente. Tu nunca amaste esses homens todos que conheceste. Só o teu ser é que os desejou. Porque o coração estava insatisfeito. Não amaste o teu marido, olha minha querida, porque era teu marido!

LENA

(mais consolada) Que ideias as tuas. *(ri debilmente)*

137

CLARA

São minhas e são também tuas. Procura já a felicidade. Não te deixes estagnar. Crias bolor, filha. Precisas dum homem que te ame a valer. Todos os outros quiseram-te mas não te amaram nem nunca pensaram nisso.

LENA

(olhando-a irónica) Não tenho ânimo para procurar... *(os olhos vidram-se-lhe de lágrimas)* Já estou cansada...

CLARA

(apanhando e desviando a ironia) Isso é o que tu pensas. Quem está cansado é o teu desejo não é o teu coração. De resto basta-te que ele te ame... Disseste que o teu marido era um hábito... que o teu novo companheiro seja um hábito, que importa? Repara que se for como eu to aconselho...

LENA

(defendendo-se) Tudo acabou... não tenho ânimo para procurar...

CLARA

Nem precisas. Tu mesma conheces um homem nessas condições...

LENA

(curiosa) Eu?

CLARA

Tu. Um homem que gosta de ti e que te fará feliz.

LENA

(irónica) E eu conheço-o?

138

CLARA

Conheces. É talvez o único que tu não quiseste... O Luís Saraiva

LENA

Esse...

CLARA

Sim. É muito bom rapaz.

LENA

O que tu me propões...

CLARA

É o que te convem. Uma aventura já. Chama-o pelo telefone.

LENA

(ri e chora) Eu chamá-lo?

CLARA

E que tem? É a tua felicidade que to ordena!

LENA

A felicidade... a que me teces...

CLARA

Eu *(suspende-se)*... Mas que te custa experimentar? *(dão 8 horas lá dentro)* Já oito horas e eu que combinei encontrar-me com os Silvas na esquina às sete e meia. Adeus. *(beija-a; Lena levanta-se)* Amanhã ou depois venho ver-te. *(vai a sair e é então que repara nas provas que Cardo atirou ao chão)* Oh filha, o que é isto?

139

LENA

São as provas. Foi o Cardo que atirou.

CLARA

Provas de quê?

LENA

(amarga) Das minhas traições...

CLARA

Dás licença? *(apanha-as, rasga-as e deita-as a um cesto de papéis que está junto duma escrivaninha)* É doido. *(deita uma última)* Pronto!

LENA

(não a detendo) Vais-te... embora... já?...

CLARA

Se te parece e bem atrasada... Quanto ao que te disse não penses, não medites o assunto. Tenta! Que te custa? Podes encontrar primeiro um amparo feliz, depois felicidade! *(diz- -lhe adeus da porta e sai).*

CENA IV

Lena (só); criada por instantes

(Lena anda de um lado para o outro, vai à janela, vem sentar-se, está presa duma luta interna. Por fim toma o livro dos telefones e procura um número. Encontra-o. Levanta-se e vai a pegar no telefone mas hesita ainda. Levanta-se e diri- ge-se até ao sofá. Recua porque viu o Poli. Toca a campaínha. Vem a criada) Margarida, deita fora o Poli.

(«*Oh minha senhora!*» *exclama ela ao vê-lo)* Morreu. Leve-o. *(a criada sai. Ela volta a sentar-se junto do telefone mas não quer olhar o livro. Por fim num arranco faz a marcação)*

LENA

(ao telefone) É de casa do Sr. Saraiva? Ele está? Se faz favor. *(espera durante a qual ela vai pousar o telefone, o movimento é retido porque ela ouve responder-lhe)* É você Luís? — Sou — Está contente, acredito; mas não acha estranho? *(o que ouve comove-a e fá-la rir)* Ouça Luís, vai achar-me ridícula. Não, não me interrompa: deixe-me dizer tudo de uma vez. *(começa a chorar mais)* O Luís tem o seu orgulho... — Obrigada — *(hesita)* Sinto-me só. É uma afirmação arrojada. Eu não lhe dei atenção daquela vez... Perdoa-me? *(chora)* Porque *(hesita de novo)* o meu marido... — Não... *(sorri)* — Venha ver-me, peço-lhe... Como lhe agradeço — Não, não venha já — Luís; Diga que me ama muito, muito! *(ri)* Não, não me peça para dizer o mesmo. Adeus. *(desliga)*

(Levanta-se e anda aflita e chorando)

LENA

Que loucura,... Morreu, acabou-se... Como pude eu dizer aquilo! Não, não pode ser. *(senta-se e liga o telefone)* Está... *(fica a olhar o telefone e desliga)* Loucura porquê? Que me custa? Sim, que me custa? E depois... *(chora)*

PANO RÁPIDO

Esboçado em 23/5/38
Terminado em 25/5/38

[SEM INDICAÇÃO DE TÍTULO]

PRÓLOGO

O cenário consta de um fundo circular constituído por uma cortina escura de pregas regulares e suficientemente fortes para que a iluminação as faça ressaltar como a esguias colunas.

Quando levanta o pano, Cláudia *e* Maria *estão junto do proscénio à esquerda, voltadas para o público. Vestem túnicas brancas.*

CLÁUDIA

(dirigindo-se mais ao público que a Maria) Que ele vem e traz consigo uma altura própria e uma moeda de ouro... *(a Maria)* Tu não acreditas, pois não? *(sorri)*

MARIA

(vagamente) Duas horas passam depressa. E se, quando nós avisarmos vierem muitos ninguém sabe qual deles é. Estás sempre a perguntar...

1940

ORIGEM

Drama

em 3 actos
um prólogo
e um epílogo

DISTRIBUIÇÃO

FELICIANO RIBEIRO — 52 anos
HELENA — 39 anos
JOÃO — 22 anos
MANUEL, seu irmão — 25 anos
CLARA — 21 anos
JÚLIO GOMES, seu pai — 58 anos
GENOVEVA, sua mulher e mãe de Clara — 45 anos

e mais:

ANTÓNIO — 27 anos
D. LAURA — idade incerta

PRÓLOGO

O palco é ocupado por uma cortina de grandes pregas caidas. À E. uma janela com cortina. À D. uma porta. No chão um grande tapete. Dois «maples». Uma secretária-mesa e uma cadeira. Sobre a mesa um telefone. Ao levantar do pano, Primeiro e Segundo estão sentados nos maples; as suas réplicas são impregnadas de nervosismo. Acordes que alternaram desde as pancadas tradicionais, vão esmorecendo à medida que o diálogo começa.

SEGUNDO

As tuas convicções é que podem servir de alguma coisa, mas não a ele. Há-de vir o dia das últimas palavras, e então...

PRIMEIRO

Nenhum de nós é de últimas palavras.

SEGUNDO

Mais uma razão. O fogo chegará aos papéis...

PRIMEIRO

São todos à prova de fogo.

147

SEGUNDO

Como nós, às vezes.

PRIMEIRO

Como eu.

SEGUNDO

(inquieto) E eu não?

PRIMEIRO

Não.

SEGUNDO

Porquê?

PRIMEIRO

(levantando-se) Porque andas prevenido.

SEGUNDO

Ando prevenido... E tu andas pela casa.

PRIMEIRO

Vou experimentando o soalho.

SEGUNDO

(levantando-se também) Não é tão firme, como nós precisamos.

PRIMEIRO

?!

SEGUNDO

A nossa firmeza tem de estar no soalho.

PRIMEIRO

Não contando com os tapetes...

SEGUNDO

Os tapetes são, para nós, uma realidade amorosa. Sempre o amor me aparece em forma de tapete. Parece que os árabes se enrolam em tapetes. Lembras-te daquela minha primeira vez, aqui mesmo...

PRIMEIRO

Aprendemos a partilhar, os dois, a vida.

SEGUNDO

Não partilhamos a vida.

PRIMEIRO

Guarda-a. Por mim já tenho terceira pessoa.

SEGUNDO

(sorrindo) A minha terceira pessoa será quarta pessoa.

PRIMEIRO

Surgirá como por encanto?

SEGUNDO

Não sei. *(olhando-o)* Mas se vier, é quarta pessoa.

PRIMEIRO

Folgo muito com as tuas contas.

149

SEGUNDO

Não, não são essas.

PRIMEIRO

(prosseguindo) E hoje há-de cá vir a minha terceira pessoa. E a terceira pessoa já me escreveu. Olha. *(mostra um papel)*

SEGUNDO

Também posso passar pela ponte?

PRIMEIRO

Não. *(brinca com o papel e pousa-o)*

SEGUNDO

E se te perdes?

PRIMEIRO

Podes, então, ir procurar-me.

SEGUNDO

Não procurar. Eu sei o que me devia pertencer.

HELENA

(entrando) Sou eu a ponte?

PRIMEIRO

Ah, filha. Tu és muito gótica. Só para arqueólogos...

HELENA

E nenhum de vocês é arqueólogo.

PRIMEIRO

Nas horas vagas, não.

SEGUNDO

Quando pensas que és ponte, tens sempre os ouvidos como as paredes.

HELENA

Não há muito tempo, comparaste-me a uma porta.

SEGUNDO

Mas só nas tuas horas de infelicidade.

HELENA

Ou, quando penso em ti.

PRIMEIRO

Por ele?

HELENA

Que ideia! Por mim.

PRIMEIRO

(rindo) Sinto-te na minha alma.

SEGUNDO

Dá-se um prémio a quem a encontrar.

HELENA

Já ganhei prémios desses a jogar com vocês.

151

SEGUNDO

Que eu tenho pago.

HELENA

Nos dias em que te empresto dinheiro.

PRIMEIRO

O dinheiro cresce quando tu diminuis.

HELENA

E eu diminuo quando ele cresce.

SEGUNDO

(sem olhar) Essas coisas às avessas não rendem o mesmo.

PRIMEIRO

Os espelhos não rendem.

HELENA

E aqui estamos sem falar de nada.

PRIMEIRO

Se já está tudo combinado...

HELENA

Quando?

PRIMEIRO

Agora mesmo. *(pausa)* Falei em cifra.

HELENA

Não admira que eu não tenha percebido.

PRIMEIRO

Se tivesse falado em cifras, percebias.

SEGUNDO

Até ao dia em que arderem.

PRIMEIRO

Vocação de incendiário.

HELENA

(passando a mão no cabelo do Segundo) É um rapazinho muito dotado. Pena que as combinações não se façam com ele, não é?

PRIMEIRO

(rindo) É pena que a lei proiba as bigamias.

SEGUNDO

Nem todas as bigamias são de herança.

HELENA

(retirando a mão) Temos de entender-nos a sério.

PRIMEIRO

Essa frase é minha.

HELENA

É nossa. *(estende as mãos a ambos, ambos lhes pegam)* E agora?

PRIMEIRO

Esperamos ordens, magestade.

153

HELENA

Saiam, e voltem... se os chamar.

(saem ambos; durante a fala de Helena, Segundo entra subrepticiamente e leva, com carinho especial, o papel que o Primeiro abandonou.
Helena que o seguiu com os olhos não dá por ele que sai como entrou)

HELENA

(pondo as mãos) Padre Nosso que estais nos céus... *(correndo à janela)* Uma hora mais... uma hora mais... *(vai à porta ver se eles sairam de facto)* Hão-de arrepender-se. *(vem para a ribalta)* Eu não *(a luz vai escurecendo)* Eu não. Contarei os minutos e a cada um que passe... *(leva a mão aos olhos)* Têm passado tantos... *(hesita)* Não. *(pausa)* Um qualquer... Um qualquer *(vai à mesa onde está o telefone, marca um número)* Donde fala? (...) Não, não desejo nada (...) Só um favor que o senhor me pode fazer (...) Diga muito alto: Não te arrependerás! (...) Diga, diga depressa (...) Nem é preciso conhecer, diga.

(Escureceu quase de todo)

HELENA

(pousando o aparelho) Obrigada.

(a cena está às escuras. De súbito um projector ilumina Helena, de pé, encostada à mesa)

HELENA

(gritando, tapando os olhos) Apaguem essa luz!

(CAI O PANO)

1.º ACTO

A cena representa uma pequena sala de entrada de uma casa mobilada, ostensivamente, com modéstia. A D. do palco constitui o patamar da escada, com meia porta ao fundo; Vêem-se os dois lanços, o mais próximo da porta é o que sobe. A sala tem à E. duas janelas e à D. a porta para o patamar. O proscénio à E. figura de entrada para o outro compartimento. Ao correr da cortina (que pode ser, e convém que seja, a do quadro anterior) Helena está junto de Feliciano, acaba de entrar.

HELENA

Gostava que me perguntasse o motivo da minha visita. *(olha em volta, examinando)*

FELICIANO

(oferece-lhe uma cadeira) Não lhe perguntei, porque já sabia que o tem, com certeza.

HELENA

Recebe-me como se me esperasse... *(senta-se)*

FELICIANO

(que permaneceu de pé, diz gracejando) Espero-a sempre Helena. Não há dia em que a não veja entrando por aquela

155

porta, sentando-se aqui... É uma velha imagem, já não lhe pergunto nada.

HELENA

Nunca se esquecem de me falar em velhice... *(sorri)*

FELICIANO

A velhice é toda minha, toda, creia. Já passou o meu tempo.

HELENA

E teve desse tempo?

FELICIANO

Não. Passou, mas não tive. Sou fiel. E porque sou fiel, sou velho. *(pausa)* Mas não me diz...

HELENA

Cá estamos na pergunta...

FELICIANO

Nem agora ainda é. Que não quero contradizê-la. Estamos continuando só uma conversa antiga.

HELENA

Que mistérios, mas amigo.... Ainda hoje me garantiram que você era misterioso. E acredito.

FELICIANO

E vem oferecer-me a sua fé.

HELENA

(num sobressalto) Como sabe?

FELICIANO

(senta-se) Eu não sei nada. Os outros sabem e eu ajudo.

HELENA

«Ajudo». É o que lhe peço: ajuda.

FELICIANO

E posso ser-lhe útil? Eu?

HELENA

Suponho que sim. Mas...

FELICIANO

Desculpe interrompê-la. Quer realmente a minha ajuda? Sou eu bem eu que lhe sirvo, que a sirvo? Julga que tenho poder para tanto? *(esfregando a mão no joelho)* E oferece-me a sua fé?

HELENA

(cortando, subitamente séria) Ofereço-lhe muita coisa. Tomei hoje uma decisão.

FELICIANO

Nunca a mim me acontece o mesmo. *(sorri a si próprio)* Os outros fazem tudo, não me fica nada.

HELENA

(exasperada) Mas, Feliciano, não vê como estou desesperada? Ainda não me deixou explicar, cada vez me esqueço mais do que queria dizer! Já não sei dizer o que queria!

FELICIANO

(calmo) Fale agora. Creio que agora sabe, e melhor. Fale *(tomando calor)*, não interrompi por mal. Não interrompi mesmo. Fale, peço-lhe. Confie em mim. Trabalharemos ambos, não é?

HELENA

(interessada) É?!...

FELICIANO

Contra eles.

HELENA

Não... Contra eles, não.

FELICIANO

Sim, bem sei a estima que lhes tem tido. Mas...

HELENA

Quero falar deles, preciso falar deles, não precisamos falar de estima. O que é estima? Não é limpar o pó? O pó vai pousando... sempre, sempre... e a gente, espaneja-se, espane-jam-nos e é a estima. Eles nunca me espanejaram. E eu tenho passado a vida a escová-los, a...

FELICIANO

(sorrindo) A limpar-lhes as nódoas?

HELENA

Nódoas... Isso reparti com eles. *(entrando no assunto)* Eu sei o papel que há para si na combinação toda. Ontem leva-ram a rapariga lá. O pai foi também. Ele sabe bem a espécie de vida que tenho tido ali, sabe a vida que eles têm feito comigo... Sim... Não arregale os olhos... Não se escondeu nada, nem ontem, nem hoje, e você sabe o que toda a gente sabe. Desde crianças que vivem comigo e comigo se fizeram homens. Não é novidade: em mim é que eles se fizeram homens. E se me perguntassem se são homens de facto não saberia responder. *(Feliciano ouve visivelmente desgostoso, embora dolorosamente atento)* Quando o pai morreu, *(sorri e reclina-se...)* já o Primeiro me pertencia sem dar por isso. Depois foi o outro. Mas eu não lhes pertenço. Não se aprende a ter, não é? Ou se conquista ou não conquista. E ela já lá foi ontem pela primeira vez, convidaram-na e o pai levou-a. Chamaram-lhe ponte. *(fica séria)*

FELICIANO

(continuando atento, mas só das palavras) Chamaram-lhe ponte?

HELENA

(rindo) Sim. Ponte para o dinheiro que o pai julga ter e que você tem e lhe vai tirar para nós.

FELICIANO

(desviando) Que dinheiro?

HELENA

O que ele depositou nos seus negócios.

FELICIANO

Nos meus negócios?

HELENA

Se calhar não é você quem compra e vende e aluga o que ele não pode comprar, vender e alugar?

FELICIANO

Não. *(aperta as mãos uma na outra)*

HELENA

Ah não é você quem lhe serve de testa de ferro?

FELICIANO

Vou perguntar-lhe uma coisa.

HELENA

Pergunte.

FELICIANO

Porque se admira de que Júlio tenha levado a filha a vossa casa?

HELENA

Não me admiro disso!

FELICIANO

Mas parece-me que afirmou...

HELENA

Eu?... Enganei-me. Porque havia de admirar-me?

FELICIANO

Ele não lhe merece consideração especial. Se tem negócios escuros... Para si as coisas não têm todas a mesma cor?

HELENA

(surdamente) Têm. A cor que uso todos os dias.

FELICIANO

E todas as noites.

HELENA

E todas as noites. *(olha o chão)*

FELICIANO

(dominando-a com os olhos) É capaz de me explicar a cor que usa todos os dias e todas as noites?

(ouve-se uma campainhada)

HELENA

(levantando-se) É um deles. É o Primeiro. Tenho a certeza. Esconda-me, esconda-me.

FELICIANO

(que se levanta e foi ver a uma das janelas e tranquilamente abriu a porta com ritual automático) Sossegue. Bem vê que não tenho onde a esconder. E você se se escondesse, acabava por se mostrar.

(Helena fica de pé, olhando-o fascinada.
Feliciano vai à porta, abre-a e espera no patamar)

PRIMEIRO

(atingindo o patamar) Então, meu caro Feliciano, vamos hoje pôr os pontos nos iis?

(Feliciano aperta-lhe a mão, entram)

PRIMEIRO

(entrando) Viva. Já cá temos o i. *(aproximando-se de Helena, que ele beija e permanece imóvel)* Chegas sempre primeiro; mas não tinhas dito nada...

161

HELENA

Trato dos meus negócios pessoais.

PRIMEIRO

Coincidem, para teu bem. *(senta-se)* Feliciano, vamos assentar então?

FELICIANO

(que veio sentar-se, também) É simples. Você pensou tudo.

PRIMEIRO

Mas vamos repetir para que toda a gente saiba *(a Helena que permaneceu de pé)* Não te sentas para assistir ao ensaio?

HELENA

Quando for a estreia sento-me. *(passeia, vai várias vezes até a janela, durante a conversa de ambos)*

PRIMEIRO

Ontem Clara foi a nossa casa. Você já deve saber; Helena, com certeza, que já lhe disse. *(a Helena)* Fazia parte dos nossos negócios não fazia?

HELENA

Não fazia, mas disse.

PRIMEIRO

(continuando) E ficou marcado para muito breve o meu casamento. Sempre gostei dela. *(a Helena)* Não gostei? *(Helena não responde, ele prossegue)* E, se vamos prejudicar o pai, não prejudicamos a filha. Tudo o que for meu é dela.

162

FELICIANO

Só o que não for para si é que não vai para ela.

PRIMEIRO

Tem graça. Não me lembrei disso.

FELICIANO

Nem eu me lembrei; é só uma observação.

HELENA

Aí está o que você é: observador.

PRIMEIRO

Não nos interrompas com análises psicológicas. Só são permitidos intermédios cómicos. *(a Feliciano)* Ora Júlio não pensou, ou não disse, coisa alguma acerca do dote... Dote lembra folhetim, não lembra? Não se lembre, vamos para diante, que toda a gente está com curiosidade de saber. E eu também.

HELENA

Deixa-te de alusões à assistência.

PRIMEIRO

É um intermédio cómico. *(reatando o fio)* Tudo está agora em si. Ele pensa começar um novo negócio. Vamos desviar-lhe tudo? *(pausa)*

FELICIANO

(olhando Helena) Por vocês, sou capaz disso.

PRIMEIRO

Dividiremos os lucros em 3 partes: uma para si, outra para Helena. *(a Helena)* Vês como sou teu amigo? *(a Feli-*

ciano) a outra para mim. Como sou eu que me sacrifico, se as partes não forem iguais, a minha pode ser a maior.

FELICIANO

Está bem. Mas qual a posição de Júlio no meio disso?

PRIMEIRO

A posição de pai e sogro.

FELICIANO

E de meu sócio.

PRIMEIRO

Sim, para as contas, de seu sócio. Acha que é preciso dizermos mais alguma coisa?

FELICIANO

Não, é tão simples... *(com um sorriso)* é até infantil.

PRIMEIRO

(que apanhou o sorriso no ar) Sim, é infantil. Acha-nos infantis?

FELICIANO

Sempre gostei de crianças.

HELENA

(aproximando-se) E acha-nos crianças?

FELICIANO

Alguns, às vezes. Eu sempre.

HELENA

Isso é amor-próprio.

PRIMEIRO

Não filha, falta-te a partícula de realce. Amor de si próprio é que é. A tua vida é uma questão de partícula.

HELENA

Das muitas que dei e recebi.

PRIMEIRO

Custa-te a deixar de receber?

HELENA

Não; há mais quem dê.

PRIMEIRO

E há quem possa dar de vez em quando.

HELENA

Sujo de novo, estraga o velho.

PRIMEIRO

Estás mascarada de provérbio.

HELENA

Sempre fui anedota.

PRIMEIRO

Quando te contei a quem quis ouvir...

165

FELICIANO

(interrompendo) Esqueço-me de todas as anedotas que me contam, Acho graça, decoro-as... e só sou capaz de as reconhecer.

PRIMEIRO

(levantando-se) Meu caro Feliciano, se me volto para ela está clássica, se me volto para si, está romântico. Como embirro com a literatura, vou-me embora. *(despede-se)* Então até depois. *(a Helena que pegou já na sua malinha)* Vamos, que não entras na cena seguinte. Anda.

HELENA

(pousando a mala) Eu fico ainda.

PRIMEIRO

(saindo) Fazes bem em ir cultivando a solidão a dois. *(a Feliciano)* Não se incomode, o caminho é a direito. *(sai)* *(Feliciano volta para dentro)*

HELENA

A solidão a dois vai ele aprendê-la também.

FELICIANO

E nós?

HELENA

Vamos seguir-lhe o conselho.

FELICIANO

(sério) Quer seriamente?

(Primeiro, que voltou a subir, escuta à porta: Helena que o pressente)

HELENA

Quero.

FELICIANO

Sente-se aqui, ao pé de mim.

HELENA

Isso é da lição?

FELICIANO

Da primeira lição, dizem que sim.

HELENA

(sentando-se) E agora?

FELICIANO

Agora... *(pausa)* Helena, compreendeu que esta combinação não tem pacto, que faço tudo isto por si?

HELENA

(levantando-se) Por mim?

FELICIANO

Por quem havia de ser?

HELENA

(sorrindo) Por quem havia de ser?... *(olhando a porta)* Sou uma velha imagem...

FELICIANO

É.

HELENA

Pensou alguma vez que eu podia ser mais, para si?

FELICIANO

Peço-lhe desculpa, mas pensei e continuarei a pensar. Quem espera, vai vendo alguma coisa à custa das imagens.

HELENA

Isso é horrível. Horrível. E nunca me disse nada. Porque esperou até hoje?

FELICIANO

Não sei, talvez esperasse por hoje...

HELENA

Eu que entrei por aquela porta, me sentei aqui... *(senta-se ao lado dele)*

FELICIANO

(pegando-lhe na mão que ela abandona) Posso beijar-lhe a mão?

HELENA

Pode *(Feliciano beija-lhe a mão cuidadosamente e pousa-a devagar)*

FELICIANO

A sua mão...

HELENA

(escostando a cabeça ao sofá) Já não me lembrava de beijos nas minhas mãos. Quando se pode beijar noutro sítio, ninguém torna a beijar as mãos. Depois, tornam a beijar as

168

mãos, se se entusiasmam. Mas eles já não se entusiasmam.
E mesmo não é assim... *(levanta a mão beija-a longamente e pousa-a devagar como Feliciano fez)*

FELICIANO

Helena gostaria de viver comigo?

HELENA

Seríamos capazes disso?

FELICIANO

Talvez, quem sabe? Se experimentássemos?

HELENA

E Segundo?

FELICIANO

É verdade.

(entretanto, abre-se a outra porta do patamar e sai um sujeito. Primeiro, apanhado em flagrante, desce também as escadas, dentro o diálogo prossegue)

HELENA

É mentira.

FELICIANO

Mentira?

HELENA

Sim. Pensamos nos outros, é mentira. Podemos arrepender-nos?

FELICIANO

Cada um terá então, mesmo que nos separemos, o arrependimento do outro para lhe fazer companhia.

HELENA

(pousando-lhe a mão no joelho, ele brinca com os dedos dela) E se um de nós não se arrepende?

FELICIANO

Ninguém se arrepende sozinho.

HELENA

Não?

FELICIANO

Não. *(pausa)*

HELENA

(levantando-se) Vamos pensar os dois. E...

FELICIANO

Não pense. *(levanta-se)* O que é pensar? Pensar é estar sozinho.

HELENA

E arrepender não é pensar?

FELICIANO

Não, é viver. E vamos aprender a viver. Eu ensino-a.

HELENA

Eu é que posso ensinar-lhe.

170

FELICIANO

O quê? Não sabe nada.

HELENA

Sei tudo. Tudo. E tenho vivido a ensinar...

FELICIANO

Como o francês sem mestre.

HELENA

(aproximando-se) Não lhe respondo, para não nos afastarmos. Aqui me tem.

(Feliciano aproxima-se dela; Helena corre à porta e escancara-a)

HELENA

Não está cá! Não está! Não me ouviu nada!

FELICIANO

Quem?

HELENA

Ele.

FELICIANO

Foi por...

HELENA

(tapando-lhe a boca) Não foi... Não foi... Adeus. *(pega na mala)*

FELICIANO

(embargando-lhe o passo) Helena!

HELENA

Não foi... Não foi... Acredite. Adeus. *(sai precipitadamente e atira com a porta)*

(Feliciano ainda se dirige até à porta, volta, vai a uma das janelas, levanta uma das cortinas, olha para fora, vem para o meio da cena, contempla o sítio onde Helena esteve sentada, senta-se onde ele próprio esteve e demora a mão no assento, possivelmente ainda quente de Helena. Está assim um tempo, sorrindo distraído e triste. Assoma ao cimo das escadas uma mulher vistosa e gorda que bate à porta. Feliciano não dá por nada. Ela torna a bater e ele, como quem acorda, levanta-se e vai abrir)

D. LAURA

(entrando) Com licença, o Sr. está?

FELICIANO

Parece que sim.

D. LAURA

(rebolando-se) Ai eu vinha...

FELICIANO

Como entrou?

D. LAURA

Ia a sair, lá em baixo, uma senhora e entrei quando ela saía. Não era nova, já gasta, batida. Mora cá no prédio? Sabe com quem ela se... É a mesma cara e tudo... só mais velha... Ainda não conhece a Simone que mora na R. Luciano Cordeiro, pois não?

FELICIANO

Cale-se.

D. LAURA

(olhando-o de esguelha) Era só uma «impressão».

FELICIANO

Afinal o que temos?

D. LAURA

Ai sr. Ribeiro, dá-me licença e sento-me *(senta-se numa cadeira ao lado do sofá)*... uma escada tão alta...

FELICIANO

(súbito atento) Aí não!... Ah sim, sim, deixe-se estar.

D. LAURA

Vim em má hora. Vim mesmo. Não me pode atender? Ai é tão preciso!

FELICIANO

O quê?

D. LAURA

Os estofos novos na sala da rua das Gáveas. Ainda ontem o Silvinho esteve a arrancar o recheio que estava à bica de um rasgão e depois, a teimar, queria metê-lo no «soutien» da Rita Branca.

FELICIANO

(da janela onde encostou a cabeça) Hein?

D. LAURA

...da Rita Branca, o sr. não me pode dar atenção?

FELICIANO

(sem se voltar) Posso... Posso... da Rita Branca... bem sei.

(CAI O PANO DEVAGAR)

2.º ACTO

Em casa do Júlio Gomes: sala de estar arranjada com o gosto um pouco desequilibrado de umas, como tais, mãos femininas. Há, à mistura, elementos antigos que a persistência de alguém faz conservar-se ali. Ao fundo, duas portas. À D. uma janela. À E. a porta que dá para o corredor. Quando sobe o pano, lentamente Clara está sentada e lê um papel.

No mesmo instante entra D. Genoveva.

D. GENOVEVA

Hoje é dia de alimentarmos o teu noivo. A que horas vem ele?

CLARA

A mãe sabe tão bem como eu que há-de chegar pouco antes do jantar.

D. GENOVEVA

Podia ter combinado vir mais cedo. *(senta-se)*

CLARA

E, se tivesse combinado, incomodava?

D. GENOVEVA

Talvez. *(pausa durante a qual D. Genoveva espera uma reacção de Clara)* Às duas horas vieram cá perguntar por ti.

CLARA

Quem? Da casa do Manuel?

D. GENOVEVA

(sorrindo) De lá, por enquanto, é só ele a vir cá.

CLARA

Tem pena? Queria mais gente?

D. GENOVEVA

Eu? Não. Tanto me faz um como outro.

CLARA

(retomando o livro) É a sua opinião.

D. GENOVEVA

É, mas a minha opinião nunca serviu para nada.

CLARA

E as opiniões costumam servir?

D. GENOVEVA

Não sei. Mas devias poupar-nos mais.

CLARA

Poupo toda a gente. Alguém se queixa?

176

D. GENOVEVA

Eu, por exemplo, que estou farta. Mas não se trata agora de mim. O António também se queixa, e veio procurar-te.

CLARA

(naturalmente) E volta?

D. GENOVEVA

Volta. Porque não falas com ele?

CLARA

Ainda não disse que não falava.

D. GENOVEVA

Mas vais dizer?

CLARA

Não. Quando é que ele volta?

D. GENOVEVA

Quando eu lhe telefonar a dizer que lhe falas.

CLARA

Telefone. *(D. Genoveva sai; Clara encosta-se no sofá e folheia vagarosamente o livro. De súbito, levanta-se, pega de uma caixa de costura uma agulha de lã e vai à janela picar com ela o canário. Suspende ao sentir a mãe e finge estar apenas dobrando a agulha)* E então?

D. GENOVEVA

Vem já, de automóvel.

CLARA

Porquê tanta pressa?

D. GENOVEVA

Que havíamos nós duas de dizer, enquanto ele não chegava?

CLARA

(passeando e brincando com a agulha) Tanta coisa!... A mãe preferia que eu casasse com ele? Não preferia?

D. GENOVEVA

(sentando-se) Sei que vocês gostam um do outro. Não tiveste razão em o deixar e da maneira que deixaste. Os outros podem ter razões para o casamento que vais fazer, mas tu não tens.

CLARA

Tenho. É até só o que tenho.

D. GENOVEVA

Custa-me ver que te sacrificas...

CLARA

Mas eu não me sacrifico, mãe!

D. GENOVEVA

Não.. És como um lote de acções. Vêm os subscritores e levam-te. As acções não se sacrificam.

CLARA

Deixe o dinheiro em paz. Já lhe disse que nem me sacrifico nem sou eu quem compram. Eu é que compro, eu.

178

D. GENOVEVA

E o que é que compras, não me digas?

CLARA

É ridículo, é ridículo... *(quase em frente da mãe)* Porque casou com o pai?

D. GENOVEVA

Gostava dele.

CLARA

E ele tinha-lhe amor?

D. GENOVEVA

Tinha.

CLARA

Vê, mãe, vê?

(ouve-se uma campainhada. ambas ficam esperando. A voz de António, dentro: — Esperam-me, não vale a pena.)

ANTÓNIO

(entrando) Muito obrigado, D. Genoveva.

CLARA

E a mim não agradeces?

ANTÓNIO

(aproximando-se) Era absolutamente preciso falarmos de uma vez para sempre. *(a D. Genoveva)* Deixa-nos um momento?

(D. Genoveva, porém, saíra logo)

CLARA

Era. E eu mesma queria falar-te.

ANTÓNIO

Mas porque não falaste a última vez que nos vimos, depois de me escreveres?

CLARA

Nessa altura... o que te dissesse não seria verdade.

ANTÓNIO

E se agora tinhas uma verdade melhor... estavas à espera que eu viesse buscá-la?

CLARA

Não estava.

ANTÓNIO

Disseste agora mesmo que até me querias falar!

CLARA

É diferente.

ANTÓNIO

É diferente e não é. É diferente enquanto insistes em distinguir o que não pode distinguir-se, em separar o que não pode separar-se. *(têm ambos estado, em pé, junto um do outro: António segura-a pelos ombros, Clara não opõe resistência)* Mas não distingas. Não fujas. *(uma ligeira negaça de Clara)* Sim, não fujas, porque tu foges. Tu amas-me como nunca amaste ninguém. E tantos procuraste. A primeira vez que nos vimos não confiámos um no outro. Não confias em mim, nem confias em ti. Ainda estamos como no princípio. E vais casar com um homem que nem te olha! E eu olho para ti. Olho ou não olho?

180

CLARA

Olhas. Sempre olhaste para mim. E eu para ti.

ANTÓNIO

E venho procurar-te. Venho buscar-te. Acabou tudo. Não podia assistir à tua vida. Tinha de estar contigo. Não vês?

CLARA

(passando-lhe os braços ao pescoço) Antes de chegares dizia eu a minha mãe: Vê? e ela respondeu: — Vejo.

ANTÓNIO

E agora também tu me vais responder: — Vejo. Dizes só isso, e pronto.

CLARA

Digo. *(António abraça-a; Clara deixa-se abraçar depois afasta-o)* Mas não, António, é inútil, não vale a pena.

ANTÓNIO

O nosso amor não vale a pena?

CLARA

(amargamente) O amor vale a pena. Mas, se ambos gostamos um do outro, onde está ele? *(senta-se)*

ANTÓNIO

Em nós! Onde havia de estar? *(senta-se a seu lado)*

CLARA

Não me perguntes nada. Tenho medo.

181

ANTÓNIO

Medo? *(levanta-se)* Tu medo de mim? *(Clara acena que sim com a cabeça)* E não dizes mais nada? Não posso saber com que te meto medo?

CLARA

Metes-me medo. Sim. Não confiamos um no outro, afinal. E isso é tão bom! Mas era melhor que não nos amássemos e nos quiséssemos amar.

ANTÓNIO

Tu e o teu noivo cumprem esse programa?

CLARA

Qual noivo?

ANTÓNIO

O teu. Não tens um?

CLARA

Dizem que sim.

ANTÓNIO

(sente-se aflito) Clara. Sinto que esta peça vai tomar outro rumo. Não tornarei a aparecer. Diz-me, pelo nosso amor, o que pensas de verdade. Explica-te, só para eu ficar sabendo.

CLARA

Quero que me amem e tenham medo de não poderem amar-me.

ANTÓNIO

E tu?

182

CLARA

Eu quero conquistar esse medo ou ter de o sustentar a vida inteira.

ANTÓNIO

Mas no casamento que vais fazer há lugar para isso tudo?

CLARA

Não. *(exasperada)* Não há. Nem me interessa.

ANTÓNIO

Nada disso é verdade! Estás a mentir!

CLARA

(levantando-se) Pois seja! Menti-te. Menti a mim. Menti a todos. Hei-de mentir sempre! Quero mentir sempre!

ANTÓNIO

E nós, e o que sobra de nós?

CLARA

Leva tudo contigo. Leva as sobras, leva o que não sobra. Leva o que quiseres.

ANTÓNIO

Não vim cá para outra coisa. *(pausa)* Despedimo-nos? *(sorri)* Agora é uma despedida a sério.

CLARA

(estendendo-lhe a mão) Ganhámos uma despedida a sério.

ANTÓNIO

(negando a mão) Sempre te amei. Bem sabes. *(pausa)*
Vou-te dizer... Perdoas-me?

CLARA

Perdoo. Diz.

ANTÓNIO

Não tenho pena de ti. Estás contente?

CLARA

(retirando a mão) Estou.

(António hesita e sai)

CLARA

*(correndo à porta por sua vez, hesita um momento antes
de chamar)* Mãe! Mãe!

D. GENOVEVA

Então?

CLARA

(dançando) Acabou tudo! Acabou tudo! *(procura arrastar
a mãe)* Acabou tudo! Acabou tudo!

D. GENOVEVA

(libertando-se) Fizeste muito bem... E agora?

CLARA

O pai já veio?

D. GENOVEVA

Não.

CLARA

Mãe. Eu... Nada. Vá embora.

D. GENOVEVA

Sou sempre demais. Mesmo quando me chamam. *(sai)*

CLARA

(sentando-se a chorar) Nada... nada... *(um tempo)*

JÚLIO GOMES

(entrando) Posso conversar com a noiva, alguns instantes?

CLARA

(limpando os olhos) Chegou agora?

JÚLIO GOMES

(passeando e fumando) Agora mesmo... Estavas a chorar. Que te disse a tua mãe?

CLARA

A mãe? Nem estava aqui.

JÚLIO GOMES

Mas choravas. Não se chora por gosto. Ou chora?

CLARA

Eu não choro por gosto. Choro porque... Não posso chorar se me apetece?

185

JÚLIO GOMES

Ah por apetite... *(senta-se ao lado dela)* Não quero que chores. O teu mal é fome...

CLARA

(sorrindo) É.

JÚLIO GOMES

E o Manuel que está a demorar-nos o jantar.

CLARA

(rindo alto) Jantar já, a estas horas?

JÚLIO GOMES

(vendo o relógio) São seis e meia. Não se há-de ir logo para a mesa.

D. GENOVEVA

(entrando) Tudo corre à medida dos teus desejos.

JÚLIO GOMES

(brincando com a corrente) Qual medida?

D. GENOVEVA

Sim. Não têm medida. Aí está!

JÚLIO GOMES

(olhando-a) Ninguém me enche as medidas.

D. GENOVEVA

Andas a esvaziá-las lá por fora. E dás-nos de comer com as que os outros esvaziam.

186

JÚLIO GOMES

(sorridente) Está aqui a tua filha. E, se não queres comer, põe-te a dieta. *(Clara levanta-se e sai)*

D. GENOVEVA

(que esperou a saída da Clara) Em dieta vivo eu. Mas não saio. Nem tu queres que eu saia. Oh, o lar. A respeitabilidade!

JÚLIO GOMES

(levantando-se) Exactamente. O lar e a respeitabilidade. E não tenho isso tudo? E enquanto me «aprouver» ter isso tudo?

D. GENOVEVA

A tua filha cortou de vez com o António. Estás satisfeito?

JÚLIO GOMES

Ah, de vez? Não tenho nada com isso.

D. GENOVEVA

Não tens? Eu é que tenho? Mas tudo isto durará à minha vontade.

JÚLIO GOMES

Tudo isto durará com vontade ou sem ela. A tua vontade é uma cantiga. Canta-a. Canta-a! A tua vontade é viver onde puderes estar contra, gritar contra, imaginares tiranias. Canta a cantiga da tua vontade.

D. GENOVEVA

(sentando-se) Se a minha vontade fosse isso...

187

JÚLIO GOMES

Se a minha avó não morresse ainda agora era viva.

D. GENOVEVA

Queres que a tua filha pertença ao rebanho que tosquias?

JÚLIO GOMES

Ora. *(rindo)* E o rebanho que tosquio não é esse, é o outro.

D. GENOVEVA

Ambos! Ambos! «Ora»! A importância que ligas à minha filha! Minha! Percebeste?

JÚLIO GOMES

Bem sei que é tua, não duvido. Mas não lhe serve de muito.

MANUEL

(entrando) Dão-me licença?

JÚLIO GOMES

Entre, entre.

MANUEL

(depois de os cumprimentar) Clara onde está?

D. GENOVEVA

Lá dentro. Eu vou chamá-la. *(sai)*

JÚLIO GOMES

(a Manuel, que se senta) Eu e a Genoveva conversávamos a vosso respeito.

188

MANUEL

Até já sou assunto de conversas. *(sorri)*

JÚLIO GOMES

Que quer, meu amigo? Um casamento é uma coisa séria.

MANUEL

Também acho. E ainda há pouco vinha pensando em arranjar a seriedade precisa. Mas, afinal, entro aqui e acabou-se.

JÚLIO GOMES

Acabou-se?

MANUEL

(com ar ingénuo) Sim, entro... e encontro a seriedade em pessoa.

JÚLIO GOMES

Em pessoa, diz bem. É onde se pode encontrar, não é? *(batendo-lhe na perna)* Meu caro, a seriedade está onde menos se espera.

MANUEL

Por isso eu não espero.

JÚLIO GOMES

Espera, espera.

MANUEL

Eu?

189

JÚLIO GOMES

A Clara ainda não apareceu...

MANUEL

(rindo) Por enquanto... espero realmente.

D. GENOVEVA

(entrando) Clara não demora um instante.

JÚLIO GOMES

Hoje aconteceu-me um caso curioso. Calcule... *(Clara entra)* Aí a tem.

MANUEL

(levanta-se, cumprimenta Clara) Desculpa não ter vindo mais cedo, mas...

CLARA

Não pudeste vir. E não é tarde.

JÚLIO GOMES

(a D. Genoveva) Senta-te um bocadinho *(D. Genoveva senta-se com ar de mártir)*

MANUEL

Tarde não é, D. Genoveva, ouvi dizer que a senhora, em nova, sabia cantar. É verdade?

JÚLIO GOMES

Sim senhor. E recordávamos isso quando você chegou.

MANUEL

(a Clara) Sabes? Perdi a única carta que tinha de ti. Primeira e única. Pousei-a em casa em qualquer parte... Hás-de tornar a escrever-me...

CLARA

O que é que eu dizia?

MANUEL

Ah isso é o menos. Nestas coisas, as cartas valem por si.

CLARA

(depois de um silêncio) O teu irmão como está?

(CAI O PANO)

FINAL DO EPÍLOGO

FELICIANO E HELENA

(abraçados estreitamente)

FELICIANO

E vamos principiar outra vez. Não poderão nada contra nós. Tenho-os na mão. E tenho-te, meu amor. Estás comigo. Diz que estás comigo. Diz que não nos arrependeremos. Diz que não nos arrependeremos. Diz!

(a cortina tem ido baixando lentamente; as pregas encurvando caindo sobre eles como para os esmagar. A luz é muito fraca no final até ao final da fala de Feliciano)

HELENA

(gritando) Não! Não! Ele disse-me! A luz! A luz! Acendam a luz.

(a cortina cobriu-os completamente. A luz acende-se violentíssima, mostra os bastidores desarrumados do teatro. A música de cena termina num acorde grandioso.
O pano desce devagar. Enquanto o pano desce, Primeiro e Segundo entram e começam rapidamente o diálogo do prólogo)

1942

ORIGEM
OU
A 4.ª PESSOA

Tragédia em 3 actos
           1 prólogo
           1 epílogo

PERSONAGENS

FELICIANO — 52 anos
HELENA — 39 anos
JOÃO — 22 anos
MANUEL, seu irmão — 24 anos
CLARA — 21 anos
JÚLIO, seu pai — 58 anos
GENOVEVA, mãe de Clara — 45 anos

e mais:

ANTÓNIO — 27 anos
D. LAURA — ad libitum

etc.

PRÓLOGO

O cenário é constituído por uma cortina cinzenta de grandes pregas que a iluminação lateral fará destacarem-se como colunas cerradas. No chão, um grande tapete escuro. Dois «maples», uma secretária com a respectiva cadeira; sobre a secretária, um telefone.

Ao levantar o pano (rapidamente), João e Manuel estão sentados nos maples.

JOÃO

As tuas convicções poderão servir... mas não a ele. Há-de vir o dia das últimas palavras, e então...

MANUEL

Então! Então, o quê? Nenhum de nós é de últimas palavras.

JOÃO

Mais uma razão.

MANUEL

Onde o fogo chega os papéis ardem.

JOÃO

E as cinzas são à prova de fogo, não é assim? *(pausa)* Como as palavras...

MANUEL

Papéis e palavras é tudo o mesmo. Às do cabo não vou: esquivo-me sempre. E à prova de fogo só conheço uma coisa.

JOÃO

O que é?

MANUEL

Eu.

JOÃO

Tu, uma coisa?... Está certo. E eu, sem ser uma coisa, não sou à prova de fogo?

MANUEL

Não.

JOÃO

Porquê?

MANUEL

(levantando-se; e desinteressado) Porque andas prevenido.

JOÃO

Ando prevenido... E tu precisas andar pela casa.

MANUEL

(voltando-se para ele) Vou experimentando o soalho.

JOÃO

Não é tão firme como nós precisamos.

MANUEL

?!

JOÃO

A nossa firmeza tem de estar no soalho.

MANUEL

Não contando com os tapetes...

JOÃO

(pensativo) Os tapetes, aqui em casa, para nós, são uma realidade amorosa. Parece que os árabes se enrolam em tapetes. Lembras-te daquela minha primeira vez... Neste mesmo sítio...

MANUEL

(rindo) Aprendemos a partilhar a vida.

JOÃO

Eu não partilho a vida.

MANUEL

Só se partilha o que se não tem, tu, nem isso.

JOÃO

E tu, que ainda não tens o que queres, partilhas comigo a Clara?

MANUEL

Não, meu caro, a Clara há-de ser a 3.ª pessoa. Lembra-te de que «as minhas convicções poderão servir, mas não a ele». *Ele* é terceira pessoa. Não há mais nenhuma.

JOÃO

A minha 3.ª pessoa há-de ser a 4.ª pessoa. *(sorri)*

MANUEL

Surgirá como por encanto? E depois, que fazer à gramática?

JOÃO

Não sei. Mas se vier, é 4.ª pessoa.

MANUEL

Enganas-te nas contas.

JOÃO

(emendando logo) Não, não são essas. Manuel *(retomando o seu pensamento)* E hoje há-de cá vir a 3.ª pessoa. E já me escreveu. Olha! *(mostra uma carta)*

JOÃO

Vê-se mesmo que nunca ninguém te escreveu.

MANUEL

(troçando) Pois não. *(pousa a carta no chão, aberta, e passa por cima, como quem faz um equilíbrio numa ponte muito estreita)*

JOÃO

Também posso passar pela ponte?

HELENA

(entrando) Sou eu a ponte?

MANUEL

Não, filha. Tu já és muito gótica. Só para arqueólogos.
(brinca com a carta que apanhou do chão)

HELENA

(carinhosa) E nenhum de vocês é arqueólogo.

MANUEL

Nas horas vagas, não.

JOÃO

Quando pensas que és ponte, arranjas ouvidos como as
paredes.

HELENA

Não há muito tempo, comparaste-me com uma porta.

JOÃO

Nas tuas horas de infelicidade.

HELENA

Quando penso em ti.

JOÃO

Como agradecer-te, meu anjo?

HELENA

Interesso-me.

MANUEL

Por ele?

HELENA

«Ele», «ele», «ele». Que ideia!... Por mim.

MANUEL

Sinto-te no fundo da minha alma.

JOÃO

Dá-se um prémio a quem a encontrar.

HELENA

Já ganhei prémios desses... a jogar com vocês.

MANUEL

Prémios que não rendem.

HELENA

E aqui estamos a falar de nada. A Clara, a *tua noiva.* Cá vem...

MANUEL

Mas já ficou tudo combinado.

HELENA

Quando?

MANUEL

Agora mesmo. *(pausa de pessoa senhora do assunto)* Falei em cifra.

HELENA

Não admira que eu não tenha percebido.

MANUEL

Se tivesse falado em cifras, percebias logo?

JOÃO

As cifras ainda te fogem.

MANUEL

Fogem? *(avança para ele, esquece a carta)* Como é que fogem? Tu não serves. *(é interrompido por Helena)*

HELENA

(interpondo-se: e passando a mão pelo cabelo de João) Só quando as coisas estiverem como hão-de ficar, só então é que eu percebo... És um rapazinho muito dotado...

JOÃO

Dotado, eu?

MANUEL

Quem ganha o dote, quem é?

HELENA

(a João) Mas porque é que as combinações se não fazem nunca com o meu João? Porque o meu João é uma pessoa...

MANUEL

(interrompendo) ...E as pessoas não dão o lugar umas às outras.

JOÃO

Nem todas as bigamias são de herança.

HELENA

(retirando a mão) Temos de entender-nos a sério.

MANUEL

A sério não sei entender-me. Passem muito bem. *(faz menção de sair)*

HELENA

(sentando-se) Onde vais?

MANUEL

Não ia a parte nenhuma. Assim já vou. *(sai)*

HELENA

Ficamos os dois, João?

JOÃO

(sentando-se no braço do maple depois de, disfarçadamente, pegar na carta e guardá-la) Não tens medo de ficar comigo? O resto da vida sozinha, sozinha?

HELENA

Não me fazes companhia?

JOÃO

Faço. Tu nem imaginas como sou teu amigo. Gosto tanto de estar ao pé de ti, quando ele não está também. É como se fosses mais que minha mãe.

HELENA

Então para que falaste em medo? Então eu havia de ter medo?

JOÃO

Pois. A gente vai sentir-se longe, longe. Porque ele pode voltar de um momento para o outro, é que eu gosto de estar assim ao pé de ti. Mas depois? Depois ele não volta mais. Quando voltar, a gente sabe que ele tem qualquer coisa lá dentro; e não sabe o que é. Ou sabe.

HELENA

E agora, não é assim?

JOÃO

Não. *(pausa)*

HELENA

Deixas-me sozinha, sozinha... um instante, agora?

JOÃO

Queres que me vá embora?

HELENA

Um instante *(rindo)* Para ver como é; *(João sai)* Um instante... *(levanta-se)* Hão-de arrepender-se... *(vai à porta ver se ele saiu de facto)* Eu não. *(vem até à ribalta)* Eu não, porque hei-de contar os minutos todos, e a cada um que passe... *(leva a mão aos olhos)* E têm passado tantos, sem eu dar por isso... *(hesita)* Não. *(pausa pensativa)* Um qualquer... *(vai até junto de telefone, marca um número)* Donde fala? (...) Não, não desejo nada. (...) Um favor que o senhor me pode fazer.

(...) Diga muito alto: Não te arrependerás! (...) Diga, não lhe custa nada. (...) Nem é preciso conhecer; diga. (...) Obrigada. *(pousando o aparelho)* Obrigada...

(a cena está às escuras. De súbito, um projector ilumina Helena de pé, encostada à secretária)

HELENA

(tapando os olhos, grita) Apaguem essa luz!

(na escuridão total, cai o pano e levanta-se sobre a cena do primeiro acto. É preferível que sobre a cortina do prólogo, que se abrirá imediatamente sobre a cena bem iluminada)

1.º ACTO

A cena representa uma pequena sala de entrada de uma casa mobilada ostensivamente com modéstia. A D. do palco constitui o patamar da escada; vêem-se os dois lanços, ascendente e descendente. Ao fundo do patamar, uma porta. A sala, separada do patamar pela parede, como é óbvio, tem à E. duas janelas e à D. uma porta para o patamar.

Ao correr da cortina (que pode ser, e convém que seja, a do prólogo), Helena está junto de Feliciano, e acaba de entrar.

HELENA

Gostava de que me perguntasse o motivo da minha visita. *(olha em volta, examinando)*

FELICIANO

(oferece-lhe uma cadeira) Não lhe perguntei, porque já sabia que o tem, com certeza.

HELENA

Recebe-me como se me esperasse... E nunca vim a sua casa. *(senta-se)*

FELICIANO

(de pé, gracejando) Espero-a sempre, Helena. Não há dia em que a não veja entrando por aquela porta, sentando-se aqui... É uma velha imagem, já não lhe pergunto nada.

HELENA

Nunca se esqueceu de me falar em velhice... *(sorri)*

FELICIANO

A velhice é toda minha; toda, creia. Passou o meu tempo.

HELENA

E teve desse tempo?

FELICIANO

Não, Passou mas não tive. Sou fiel. E, porque sou fiel, sou velho. *(pausa)* Mas não me diz...

HELENA

Cá estamos na pergunta.

FELICIANO

Nem agora ainda é. Que não quero contradizê-la. Apenas continuamos uma conversa antiga.

HELENA

Que mistérios, meu amigo... ainda hoje me garantiram que você era misterioso. E acredito.

FELICIANO

Pode saber-se quem?

HELENA

Uma pessoa que não conheço.

FELICIANO

E vem oferecer-me a sua fé, a sua confiança.

HELENA

(num sobressalto) Quem lhe disse?

FELICIANO

Mas você mesma. Eu não faço mais que ajudar. *(senta-se)*

HELENA

«Ajudar»! É o que lhe peço: ajuda.

FELICIANO

E em que posso ser-lhe útil? Eu?

HELENA

Suponho que sim. *(vai continuar)*

FELICIANO

Desculpe interrompê-la. Quer realmente a minha ajuda? Sou eu, bem eu, que lhe sirvo, que a sirvo? Julga que tenho poder para tanto? *(esfregando a mão no joelho)* E oferece-me a sua confiança?

HELENA

(subitamente séria) Ofereço-lhe muita coisa. Tomei hoje uma decisão.

209

14

FELICIANO

Nunca a mim me acontece o mesmo. *(sorri a si próprio)* Os outros fazem tudo, não me fica nada...

HELENA

(exasperada) Para que brinca comigo? Não vê como estou desesperada? Ainda não me deixou falar, não me deixou explicar; cada vez me esqueço mais do que queria dizer! Já não sei o que queria!

FELICIANO

(calmo) Fale agora. Creio que agora sabe, e melhor. Fale. *(tomando calor)* Não interrompi por mal. Fale, peço-lhe. Confie em mim. Trabalharemos ambos, não é?

HELENA

(interessada) É...

FELICIANO

Contra eles.

HELENA

Contra eles, não... *(disfarçando sinceramente)* Contra quem?

FELICIANO

Sim, bem sei a estima que lhes tem tido... aos seus afilhados...

HELENA

Afilhados... Quero falar deles, preciso falar deles, por isso é que eu cá vim, não precisamos falar de estima. O que é estima? Não é limpar o pó? O pó vai pousando... sempre,

sempre.... e a gente espaneja-se, e espanejam-nos... E é a estima. Eles nunca me espanejaram. *(pausa)* Quase nunca... E eu tenho passado a vida a escová-los.

FELICIANO

(sorrindo) A limpar-lhes as nódoas?

HELENA

Nódoas... Isso reparti com eles

1944

O ARCANJO E AS ABÓBORAS

Peça em 1 acto

Possuir a fé quer dizer: libertar em si próprio o indestrutivel, ou melhor: libertar-se a si próprio, ou melhor: ser indestrutivel, ou melhor: ser.

F. KAFKA.

DRAMATIS PERSONAE

MÃE JOANA — 50 anos
MAXIMINO — 30 anos
ATÍLIA — 25 anos
GÔGO OU 1.º MISERÁVEL — 60 anos
PILINHAS OU 2.º MISERÁVEL — 30 anos
TRINCÃO OU 3.º MISERÁVEL — 20 anos
ADALBERTO — 25 anos
TARCÍZIO — 18 anos } dois vendedores ambulantes
FLORINDA — 17 anos
A MANECAS — 70 anos
O EMPREGADO DA ESTATÍSTICA
O MERCEEIRO
O GUARDA
A MENSAGEIRA
TRÊS CARREGADORES

A cena representa o interior de um vasto barracão, tor-
nado extremamente exíguo pela acumulação de lixo, sucatas,
mobílias velhas, divisórias e a vida das inúmeras pessoas que,
mais ou menos, vivem nele. Ao fundo, o barracão tem uma
larga porta de tábuas mal pregadas. De cada lado a uma
certa distância, duas janelas largas, como de oficina, com
vidros partidos e outros, ausentes, substituídos por jornais e
cartões. Tabiques (indicados apenas) dividem, perpendicu-
larmente ao proscénio, todo o fundo: as diferentes «moradias».
O mobiliário consiste em enxergas, caixotes, fogareiros, etc.
Na E. A., moram a Mãe Joana, Maximino e Atília; na D.
B., os três miseráveis; na D. A., Florinda e a velha Manecas.
É uma tarde chuvosa, fria e escura. Ao levantar o pano,
estão em cena os três miseráveis jogando as cartas, Atília, que
vive entrevada na sua enxerga, e a velha Manecas, separando
os trapos. Durante um tempo, apenas há as hesitações e
«golpes» resmungados dos jogadores e o remexer da velha.
Para uma jogada decisiva de Gôgo, os três jogadores ficam
suspensos. Gôgo atira a sua carta.

PILINHAS

(logo) Desta também não levas nada. *(joga com «elegân-*
cia») Quer's mais? *(troca um olhar com Trincão, que joga já*
desinteressado)

215

GÔGO

(que sofreu a decepção da sua jogada decisiva) Quem me
manda a mim jogar com «pixotes». *(pausa, durante a qual o
jogo termina anodinamente)* Ganhaste. *(Pilinhas faz que não
ouve)* Ganhaste ou não?

PILINHAS

Já me deves vinte e cinco paus.

GÔGO

Vinte e cinco?

PILINHAS

Este canto é meu. *(aponta em volta)* Estamos no fim do
mês. Do teu mês, que acabou a 24... são 15 paus... mais o
pão que me deves... três mil e quinhentos... mais o que per-
deste agora... são vinte e cinco paus.

GÔGO

Vai contando... Quem me manda a mim jogar com «pixotes»..., que estragam o jogo à gente...

TRINCÃO

É... Tu é que só sabias jogar com a minha avó, que é que
era do teu tempo...

GÔGO

Do meu tempo seria, mas não era do meu lugar. Andava
ela a bater as esquinas, era eu dos que a levavam. *(pausa)* E por

pouco dinheiro. *(pausa)* Se é que tiveste avó. *(Trincão e Pilinhas riem do velho)*

....

Sou portadora de uma mensagem de Deus, e custa apenas 15 tostões. *(pausa)* Todos os pecados que «tênhamos», Deus nosso Senhor os perdoa!

(CAI O PANO, SOBRE A CONFUSÃO GERAL)

BAJAZETO E A REVOLUÇÃO

Quoique le sujet de cette tragédie ne soit encore dans aucune histoire imprimée, il est pourtant très véritable. (...) Quelques lecteurs pourront s'étonner qu'on ait osé mettre sur la scène une histoire si récente (...). On peut dire que le respect que l'on a pour les héros augmente à mesure qu'ils s'éloigent de nous.

Racine — prefácios de Bajazet

BAJAZET

Racine — viagem para o apartamento

conversa no apartamento   enquanto a conversa se desenrola
ele recorda:
reuniões, etc. compromisso, etc.

narração paralela (dado como a
correspondência
horária dos cál-
culos que eles
estão fazendo)
Jantar do A.
Sé
Ataq. de Alcântara
caso de Belém
Quartel do Carmo

manhã no serviço, viagem de
automóvel, para casa

221

O cartaz dizia:

Grande Circo Imperial Luso

Leões, Navegações, Naufrágios e Conquistas. Mártires e Heróis, todos os dias. A descoberta do caminho marítimo para a Índia, com o Infante D. Henrique e Camões nas caravelas, ao domingo. São Francisco Xavier, às quintas. Aljubarrota, à sexta, em matinée infantil. Palhaços, equilibristas, domadores, trapezistas. Voos à Gago Coutinho. O grande sketch, ao sábado, por toda a companhia: Oito Séculos e meio de História Universal, com grande figuração de negros, mouros, e indianos autênticos. Nu artístico por indígenas do Brasil (em sessão reservada aos homens e a mulheres casadas acompanhadas pelos maridos). Orquestra sinfónica, coros e bailarinas(os) do Estado Português, sob a regência de vários maestros de categoria internacional. Hinos patrióticos e funções folclóricas. Uma Pátria em Armas exposta aos olhos do Futuro.

A DEMOLIÇÃO

(opereta dramática)

PERSONAGENS

os demolidores:
 o engenheiro
 o empreiteiro
 o capataz
 o pessoal

a gente oficial:
 o funcionário da Câmara
 a visitadora social

os moradores:
 a avó entrevada
 o pai
 os ped. toler.

 a mãe de família
 o casal de namorados
 a prostituta
 o leitor de jornais
 o gigolô
 o rapaz machão
 o oper. sem trabalho
 crianças

os curiosos ou estranhos:
 o amador de arte
 o jornalista
 o ped. rico
 a propagandista

— acções simultâneas

— as acções simultâneas devem assentar na incomunicabilidade de alguns planos e combinações, na interferência absurda de outras, e no entrecruzamento, levado ao infinito, das combinações restantes.

— nos diálogos e na acção deve haver tudo: realismo estrito, realismo mágico, simbolismo, teatro abstruso, psitacismo sonoro.

— a peça deve ter uma acção continua, como se um longo tempo sem dia e noite se concentrasse nela. Apenas um acto muito comprido. A acção deve ser de uma crueza e de uma violência grandes, contrastadas ou sobrepostas de poética doçura. Mas contínua movimentação (mesmo que em paralelo haja cenas de diálogo estático).

episódios:

 a) o ped. rico + gigolô logo seguido do assalto (o par de ped. tolerados, o machão, o namorado, o idiota)

 b) entrada final do propagandista

 c) saída final da cama da entrevada

 d) diálogo dos ped. toler. — coment. dos outros

 e) aparição do amador de arte, defendendo os azulejos

 f) o jornalista fazendo reportagem da demolição

 g) o coment. do idiota

 h) o leitor interrompendo constantemente

i) grande cena de amor dos namorados (durante a retirada final enquanto o coro dos insectos canta e dança à volta deles e eles se coçam)

j) a prost. e o machão; a prost. e o gigolô

k) a mãe aband. de família, com crianças; mãe do ped. . pas. e do namorado

l) o pano cai lento sobre o pandemónio final, *fuga* a várias vozes, enquanto com pulverizadores a cena é «desinfectada».

As relações de família devem ser vagas e ininteligíveis.
O idiota — andando balouçante, de pernas abertas e um braço meio levantado
leitor de jornais — de óculos

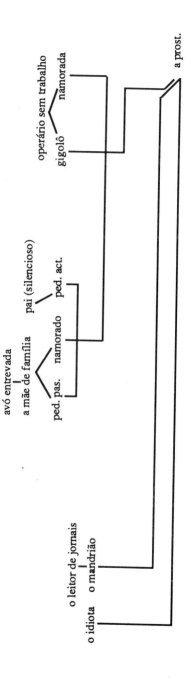

NOTAS BIBLIOGRÁFICAS

Amparo de mãe — Escrita 28/1/48. Teve publicação em *Unicórnio*, Maio de 1951. — In *Amparo de mãe e mais 5 peças em 1 acto*. Lisboa, 1974.

Ulisseia adúltera — Escrita em 30/1/48. Publicada em *Tricórnio*, Novembro de 1952. — In *Amparo de mãe e mais 5 peças em 1 acto*. Lisboa, 1974.

A morte do papa — Escrita em 1964. — In *Amparo de mãe e mais 5 peças em 1 acto*. Lisboa, 1974.

O Império do Oriente — Escrita em 25-26/3/64. — In *Amparo de mãe e mais 5 peças em 1 acto*. Lisboa, 1974.

O banquete de Diónisos — Escrita em Junho de 1969 — In *Amparo de mãe e mais 5 peças em 1 acto*. Lisboa, 1974.

Epimeteu, ou o homem que pensava depois — «Tragédia satírica em 1 acto» — Escrita em Fevereiro de 1971 — In *Amparo de mãe e mais 5 peças em 1 acto*. — Lisboa, 1974. No original dactilografado as duas falas de *Ares* eram atribuídas a *Marte*.

Luto — Escrita entre 23 e 25/5/38, in *Obras,* 2.º vol., págs. 24-41 — comédia em 1 acto. Ao alto tem um apontamento do então jovem Autor: «Muito curioso».

[Sem indicação de título] — Este menos que esboço estava num caderno de rascunhos que fora oferecido a Alberto de Serpa, e onde há uma primeira versão de uma crítica a Tomaz Kim, datada de «Abril 1940» (v. *Estudos de Literatura Port.-II,* texto e nota). O caderno terá sido esquecido e retomado dois anos depois quando, entre outros textos de poesia e prosa, aparece um poema: «Tangente», com a data de 26/5/42 e cujo primeiro verso é retomado da primeira fala («Traz contigo, amor,/uma altura própria e uma moeda de ouro», in *Visão perpétua*) e onde se lê «sobre um rascunho (deste mesmo livro)», pelo que não há dúvida em datar esta tentativa teatral da primeira metade de 1940.

Origem — Começada a escrever em 7/3/42, segundo um apontamento que está em *Obras,* 12.º vol., pág. 35. Como é indicado no manuscrito deveria ser «um drama em três actos um prólogo e um epílogo». Apenas foram escritos o prólogo, dois dos três actos, e o final do epílogo. Junto havia uma folha, com um cuidado título, e que deveria destinar-se à versão passada a limpo, em que a designação é de *tragédia.*

Origem ou A·4.ª pessoa — Refazimento da peça anterior que não passou do prólogo e de parte do 1.º acto. Deve ter sido escrita em Novembro de 1944.

O arcanjo e as abóboras — Projecto de peça que será de 1948.

Bajazeto e a revolução — Projecto de peça que será de 1959/60.

A demolição — (opereta dramática) — Projecto de 26/3/64, por altura do grande surto do «living theatre».

BIBLIOGRAFIA DE JORGE DE SENA

OBRAS EM VOLUME

POESIA:

Perseguição — Lisboa, 1942.

Coroa da Terra — Porto, 1946.

Pedra Filosofal — Lisboa, 1950.

As Evidências — Lisboa, 1955.

Fidelidade — Lisboa, 1958.

Post-Scriptum (in *Poesia-I*).

Poesia-I (Perseguição, Coroa da Terra, Pedra Filosofal, As Evidências, e o volume inédito Post-Scriptum) — Lisboa, 1961, 2.ª ed., 1977; 3.ª ed., 1988.

Metamorfoses, seguidas de *Quatro Sonetos a Afrodite Anadiómena* — Lisboa, 1963.

Arte de Música — Lisboa, 1968.

Peregrinatio ad loca infecta — Lisboa, 1969.

90 e mais Quatro Poemas de Constantino Cavafy (tradução, prefácio, comentários e notas) — Porto, 1970; 2.ª ed., Coimbra, 1986.

Poesia de Vinte e Seis Séculos: I — De Arquíloco a Calderón; II — De Bashô a Nietzsche (tradução, prefácio e notas) — Porto, 1972.

Exorcismos — Lisboa, 1972.

Trinta Anos de Poesia (antologia) — Porto, 1972; 2.ª ed., Lisboa, 1984.

Camões Dirige-se aos Seus Contemporâneos (textos, e um poema inédito) — Porto, 1973.

Conheço o Sal... e Outros Poemas — Lisboa, 1974.

Sobre Esta Praia — Porto, 1977.

Poesia-II (Fidelidade, Metamorfoses, Arte de Música) — Lisboa, 1978; 2.ª ed., Lisboa, 1988.

Poesia-III (Peregrinatio ad loca infecta, Exorcismos, Camões Dirige-se aos Seus Contemporâneos, Conheço o Sal... e Outros Poemas, Sobre Esta Praia) — Lisboa, 1978; 2.ª ed., Lisboa, 1989.

Poesia do Século XX, de Thomas Hardy a C. V. Cattaneo (prefácio, tradução e notas) — Porto, 1978.
Quarenta Anos de Servidão — Lisboa, 1979; 2.ª ed., revista, 1982; 3.ª ed., 1989.
80 Poemas de Emily Dickinson (tradução e apresentação) — Lisboa, 1979.
Sequências — Lisboa, 1980.
Visão Perpétua — Lisboa, 1982; 2.ª ed., 1989.
Post-Scriptum II (2 vols.) — Lisboa, 1985.
Dedicácias — a publicar.

TEATRO:

O Indesejado (António, Rei), tragédia em quatro actos, em verso — Porto, 1951; 2.ª ed., Porto, 1974, ed. não autorizada dita 2.ª, Porto, s/d [1982]; 3.ª ed., com um apêndice de trechos excluídos, Lisboa, 1986.
Amparo de Mãe e Mais 5 Peças em 1 Acto — Lisboa, 1974.
Mater Imperialis («Amparo de Mãe e Mais 5 Peças em 1 Acto» com um *Apêndice:* 1 peça de juventude e peças inacabadas ou em projecto) — Lisboa, 1990.

FICÇÃO:

Andanças do Demónio, contos — Lisboa, 1960.
Novas Andanças do Demónio, contos — Lisboa, 1966.
Os Grão-Capitães, contos — Lisboa, 1976; 2.ª ed., 1979; 3.ª ed., 1982; 4.ª ed., 1985.
Sinais de Fogo, romance — Lisboa, 1979; 2.ª ed., Lisboa, 1980; 3.ª ed., 1985; 4.ª ed., Círculo de Leitores, Lisboa, 1989.
O Físico Prodigioso, novela — Lisboa, 1977; 2.ª ed., Lisboa, 1981; 3.ª ed., 1983; 4.ª ed., Lisboa, 1986.
Antigas e Novas Andanças do Demónio (ed. conjunta e revista) — Lisboa, 1978; 2.ª ed., Lisboa, 1981; 3.ª ed., Círculo de Leitores, Lisboa, 1982 — fora do mercado; 4.ª ed., Lisboa, 1983; 5.ª ed., 1990.
Génesis, contos — Lisboa, 1983; 2.ª ed., 1986.

OBRAS CRÍTICAS DE HISTÓRIA GERAL, CULTURAL OU LITERÁRIA:

Fernando Pessoa — Páginas de Doutrina Estética (selecção, prefácio e notas) — Lisboa, 1946-1947 (esgotado) — 2.ª ed. não autorizada, 1964.

Líricas Portuguesas, 3.ª série da Portugália Editora — selecção, prefácio e notas — Lisboa, 1958; 2.ª ed., revista e aumentada, 2 vols.: 1.º vol., Lisboa, 1975; 2.º vol., Lisboa, 1983; 1.º vol, 3.ª ed., Lisboa, 1984.

Da Poesia Portuguesa — Lisboa, 1959.
Nove capítulos originais constituindo um panorama geral da cultura britânica e a história da literatura moderna (1900-1960), e prefácio e notas, na *História da Literatura Inglesa* de A. C. Ward — Lisboa, 1959-1960.

História da Literatura Inglesa, de A. C. Ward — Lisboa, 1959-1960.

O Poeta É Um Fingidor — Lisboa, 1961.

O Reino da Estupidez, I — Lisboa, 1961; 2.ª ed. 1979; 3.ª ed. 1984.

A Literatura Inglesa, história geral — São Paulo, 1963; 2.ª ed., Lisboa, no prelo.

Teixeira de Pascoaes — Poesia (selecção, prefácio e notas) — Rio de Janeiro, 1965; 2.ª ed., 1970; 3.ª ed. rev. e aum., Porto, 1982.

Uma Canção de Camões (análise estrutural de uma tripla canção camoniana, precedida de um estudo geral sobre a canção petrarquista e sobre as canções e as odes de Camões, envolvendo a questão das apócrifas) — Lisboa, 1966; 2.ª ed., 1984.

Estudos de História e de Cultura, 1.ª série (1.º vol., 624 páginas; 2.º vol. a sair, com os índices e a adenda e corrigenda) — «Ocidente», Lisboa, 1967. Edição da obra completa, no prelo.

Os Sonetos de Camões e o Soneto Quinhentista Peninsular (as questões de autoria, nas edições da obra lírica até às de Álvares da Cunha e de Faria e Sousa, revistas à luz de um critério estrutural à forma externa e da evolução do soneto quinhentista ibérico, com apêndice sobre as redondilhas em 1595-1598, e sobre as emendas introduzidas pela edição de 1898) — Lisboa, 1969; 2.ª ed., Lisboa, 1981.

A Estrutura de «Os Lusíadas» e Outros Estudos Camoneanos e de Poesia Peninsular do Século XVI — Lisboa, 1970; 2.ª ed., Lisboa, 1980.

«Os Lusíadas» e «Rimas Várias» comentados por M. de Faria e Sousa, 2 vols. cada (introdução crítica) — Lisboa, 1972.

Dialécticas da Literatura — Lisboa, 1973; 2.ª ed., ampliada, 1977, como *Dialécticas Teóricas da Literatura.*

Francisco de la Torre e D. João de Almeida — Paris, 1974.

Maquiavel e Outros Estudos — Porto, 1974.

Poemas Ingleses de Fernando Pessoa (edição, tradução, prefácio, notas e variantes) — Lisboa, 1974; 2.ª ed., 1983.

Régio, Casais, a «presença» e outros afins — Porto, 1977.

O Reino da Estupidez-II — Lisboa, 1978.

Dialécticas Aplicadas da Literatura — Lisboa, 1978.

Trinta Anos de Camões (2 vols.) — Lisboa, 1980.

Fernando Pessoa & C.ª Heterónima (2 vols.) — Lisboa, 1982; 2.ª ed. (1 vol.), 1984.
Estudos sobre o Vocabulário de «Os Lusíadas» — Lisboa, 1982.
Estudos de Literatura Portuguesa-I — Lisboa, 1982.
Inglaterra Revisitada (duas palestras e seis Cartas de Londres) — Lisboa, 1986.
Sobre o Romance (ingleses, norte-americanos e outros) — Lisboa, 1986.
Estudos de Literatura Portuguesa-II — Lisboa, 1988.
Estudos de Literatura Portuguesa-III — Lisboa, 1988.
Estudos de Cultura e Literatura Brasileira — Lisboa, 1988.
Sobre Cinema — Lisboa, 1988.
Do Teatro em Portugal — Lisboa, 1989.
«Amor» e Outros Verbetes — no prelo.
O Dogma da Trindade Poética (Rimbaud) e outros ensaios — a publicar.

CORRESPONDÊNCIA:

Jorge de Sena/Guilherme de Castilho — Lisboa, 1981.
Mécia de Sena/Jorge de Sena — Isto Tudo Que Nos Rodeia (cartas de amor) — Lisboa, 1982.
Jorge de Sena/José Régio — Lisboa, 1986.
Jorge de Sena/Vergílio Ferreira — Lisboa, 1987.
Cartas a Taborda de Vasconcelos, in *Correspondência Arquivada* — Porto, 1987.
Eduardo Lourenço/Jorge de Sena — no prelo.
Jorge de Sena/Raul Leal — no prelo.

EM PREPARAÇÃO:

Jorge de Sena/Luiz Francisco Rebello.
Jorge de Sena/Rui Knopfli.
José Rodrigues Miguéis/Jorge de Sena.
António Ramos Rosa/Jorge de Sena.
Jorge de Sena/Vasco Miranda.
José Blanc de Portugal/Jorge de Sena.
Jorge de Sena/Ruy Cinatti.
Jorge de Sena/José Saramago.
João Sarmento Pimentel/Jorge de Sena.

TRADUÇÕES PREFACIADAS:

A Abadia do Pesadelo, de T. L. Peacock.
As Revelações da Morte, de Chestov.

A Casa de Jalna, de Mazo de la Roche.
Fiesta, de Hemingway.
Um Rapaz da Geórgia, de Erskine Caldwell.
O Ente Querido, de Evelyn Waugh.
Oriente-Expresso, de Graham Greene.
O Fim da Aventura, de Graham Greene.
O Velho e o Mar, de Hemingway.
A Condição Humana, de Malraux.
Palmeiras Bravas, de Faulkner.
Jornada para a Noite, de Eugene O'Neill, no prelo.

PREFÁCIOS CRÍTICOS A:

Poema do Mar, de António Navarro.
Poesias Escolhidas, de Adolfo Casais Monteiro.
Teclado Universal e Outros Poemas, de Fernando Lemos.
Memórias do Capitão, de Sarmento Pimentel.
Confissões, de Jean-Jacques Rousseau.
Poesias Completas, de António Gedeão.
Poesia (1957-1968), de Helder Macedo.
Manifestos do Surrealismo, de André Breton.
Cantos de Maldoror, de Lautréamont.
A Terra de Meu Pai, de Alexandre Pinheiro Torres.
Camões — Some Poems, trad. Jonathan Griffin.
Qvybyrycas, de Frey Ioannes Garabatus.
Distruzioni per l'uso, Carlo Vittorio Cattaneo.

OBRA TRADUZIDA

POESIA:

Esorcismi (Antologia) — port./it., Introdução e Tradução de Carlo Vittorio Cattaneo, Ed. Accademia, Milão, 1975.
Sobre Esta Praia... port./ingl., Tradução de Jonathan Griffin, Mudborn Press, Santa Barbara, 1979.
Su Questa Spiaggia (Antologia) — port./it., Introdução de Luciana Stegagno-Picchio, Tradução de Ruggiero Jacobbi e Carlo Vittorio Cattaneo, Fogli di Portucale, Roma, 1984.
Sobre esta playa (Antologia) — port./castelhano, Organização, Prefácio e Tradução de César Antonio Molina — Olifante, Ediciones de Poesia, Saragoça, 1989.

237

The Poetry of Jorge de Sena (Antologia) — port./ingl., Organização de Frederick G. Williams, Mudborn Press, Santa Barbara, 1980; 2.ª ed., no prelo.

In Crete with the Minotaur and Other Poems (Antologia) — port./ingl., Tradução e Prefácio de George Monteiro, Ed. Gávea-Brown, Providence, 1980. 2.ª ed. amp., no prelo.

Metamorfosi — port./it., Tradução e Prefácio de Carlo Vittorio Cattaneo, Ed. Empiria, Milão, 1987.

Methamorphoses — (inglês) — no prelo.

Art of Music — (inglês) trad. de Francisco Cota Fagundes e James Houlihan, Huntington, West Virginia, 1988.

Frihetens Färg (Antologia) — (sueco) org. trad. pref. de Marianne Sandels — Atlantis, Estocolmo, 1989.

FICÇÃO:

Genesis — port./chinês, Tradução de Wu Zhiliang, Ed. Instituto Cultural de Macau, Macau, 1986.

O Físico Prodigioso:

The Wondrous Physician, Tradução de Mary Fitton, J. M. Dent & Sons Ltd., Londres, 1986.

Le Physicien Prodigieux, Tradução de Michelle Giudicelli, Posfácio de Luciana Stegagno Picchio, Ed. A. M. Metaillé, Paris, 1985.

Il Medico Prodigioso, Tradução e Prefácio de Luciana Stegagno Picchio, Ed. Feltrinelli, Milão, 1987.

El Fisico Prodigioso (castelhano), Tradução de Sara Cibe Cabido e A. R. Reixa, Ed. Xerais de Galicia, 1987.

Ed. bilingue port./chinês, Tradução de Jin Juo Ping., Inst. Cultural de Macau, Macau, 1988.

Der Wundertätige Physicus (alemão), Tradução de Curt Meyer-Clason, Suhrkamp-Verlag, Frankfurt, 1989.

Sinais de Fogo:

Signes de Feu, Tradução, Prefácio e Notas de Michelle Giudicelli, Ed. Albin Michel, 1986.

Senyals de Foc (catalão), Tradução de Xavier Moral, Prefácio de Basilio Lousada, Ediciones Proa, 1986.

Signales de Fuego (castelhano), Tradução de Miguel Viqueira, Ed. Alfaguara, Madrid — no prelo.

História do Peixe-Pato

Storia del peixe-pato (italiano), Tradução de Carlo Vittorio Cattaneo, Roma, 1987.

Os Grão-Capitães

La Gran Canaria e Altri Raconti, Tradução de Vincenzo Barca, Prefácio de Luciana Stegagno Picchio, Ed. Riuniti, Roma, 1988.

Antigas e Novas Andanças

By the rivers of Babylon and other stories (inglês), Organização e Introdução de Daphne Patai — Rutgers Univ. Press, New Brunswick, 1989.

ENSAIO:

Inglaterra Revisitada

England Revisited (inglês), Tradução de Christopher Auretta, Fund. Calouste Gulbenkian, Lisboa, 1987.

ESTUDOS SOBRE JORGE DE SENA, EM VOLUME:

O Código Científico-Cosmogónico-Metafísico de Perseguição, *1942, de Jorge de Sena,* Alexandre Pinheiro Torres, Moraes Ed., Lisboa, 1980.
Studies on Jorge de Sena (Actas) — port./ingl., francês e espanhol, org. Frederick G. Williams e Harvey L. Sharrer, Bandanna Books, Santa Barbara, 1982.
Estudos sobre Jorge de Sena, comp., org. e introd. de Eugénio Lisboa, Imprensa Nacional-Casa da Moeda, Lisboa, 1984.
Quaderni Porthogesi n.º 13/14, comp., introd. e org. de Luciana Stegagno Picchio, port., francês, ing. e ital. — Pisa, 1985.
O Essencial sobre Jorge de Sena, Jorge Fazenda Lourenço, Imprensa Nacional-Casa da Moeda, Lisboa, 1987.
Jorge de Sena — nos dez anos da sua morte — Catálogo da Exposição Bibliográfica, com sinopses dos livros expostos, bibliografia do Autor e bibliografia subsidiária. Bilingue port /chinês — Biblioteca Nac. de Macau, Ed. Inst. Cult. de Macau, 1988.
A poet's way with music: Humanism in Jorge de Sena's Poetry, Francisco Cota Fagundes, Gavea-Brown, Providence, R. I., 1988.
Índices da poesia completa (por primeiros versos, título, data e nomes citados) — Mécia de Sena — no prelo.

ÍNDICE GERAL

I

«AMPARO DE MÃE»
E MAIS 5 PEÇAS EM 1 ACTO

Nota [final], de Jorge de Sena	11
Amparo de mãe	17
Ulisseia adúltera	35
A morte do papa	45
O império do Oriente	57
O banquete de Diónisos	77
Epimeteu, ou o homem que pensava depois	91

II

APÊNDICE

Uma introdução, de Mécia de Sena	117
Luto	125
[Sem indicação de título]	143
Origem, *1.ª versão*	145
Origem ou a 4.ª pessoa, *2.ª versão*	195
O arcanjo e as abóboras	213
Bajazeto e a revolução	219
A demolição	223
Notas bibliográficas	229
BIBLIOGRAFIA DE JORGE DE SENA	231